AF318685

LE
CODE RURAL

DE 1791,

COMMENTÉ & EXPLIQUÉ,

D'APRÈS LA JURISPRUDENCE ET L'OPINION DES AUTEURS, AVEC UNE

INTRODUCTION SUR LES CONDITIONS DE LA PROPRIÉTÉ TERRITORIALE

SOUS LE RÉGIME FÉODAL,

PAR

J.-B. PEROT,

Juge de paix du canton de Bourgogne

(Marne)

REIMS

MATOT-BRAINE, IMPRIMEUR-LIBRAIRE, ÉDITEUR,

6, RUE DU CADRAN SAINT PIERRE, 6.

DÉPÔT LÉG
Marne
n° 74
1865

LE

CODE RURAL

DE 1791.

4148

Reims. — Imprimerie Matot-Braine, rue du Cadran-St-Pierre, 6.

LE
CODE RURAL

DE 1791,

COMMENTÉ & EXPLIQUÉ,

D'APRÈS LA JURISPRUDENCE ET L'OPINION DES AUTEURS, AVEC UNE
INTRODUCTION SUR LES CONDITIONS DE LA PROPRIÉTÉ TERRITORIALE
SOUS LE RÉGIME FÉODAL,

PAR

J.-B. PÉROT,

Juge de paix du canton de Bourgogne

(Marne).

REIMS

MATOT-BRAINE, IMPRIMEUR-LIBRAIRE, ÉDITEUR,

6, RUE DU CADRAN SAINT PIERRE, 6.

1865

BIBLIOTHÈQUE UNIVERSITAIRE IMPR.

INTRODUCTION.

Les lois rurales influent d'une manière sensible sur le développement de l'agriculture. Ces lois ne sont favorables à la prospérité des campagnes que lorsqu'elles garantissent la sécurité du possesseur et la liberté des transmissions. Il ne faut donc attendre aucun progrès dans la culture des champs, quand la propriété n'a pas toute sécurité dans le présent et dans l'avenir.

En effet, on ne sème que dans l'espoir de récolter. Quel est le laboureur qui voudrait entreprendre des plantations, se livrer à des travaux de défrichements, toujours longs et coûteux, et confier ses épargnes à la terre, sous forme d'amendement, s'il était menacé de

perdre ses avanc ; et le prix de ses pénibles labeurs?
L'agriculture la plus florissante ne tarderait pas à dé-
périr si le sol venait à trembler sous les pas de ceux
qui le possèdent. Assurément, s'il leur fallait craindre
des évictions, des actes de violence ou de spoliation, la
décadence serait d'autant plus prompte que le péril
serait plus imminent et plus grave.

Toutefois, il est certain que la sûreté de la possession n'a pas toujours suffi pour imprimer aux travaux
agricoles une activité puissante ; mais il est sans exemple que ces travaux aient prospéré sans elle. Sous ce
rapport, les populations de l'Asie ne sont restées si
loin en arrière de celles de l'Europe, qu'à cause de l'incertitude où elles sont sur l'avenir qui les attend, incertitude résultant des lois qui attribuent aux souve-
rains de ces contrées lointaines un droit supérieur sur
la terre et ne permettent au cultivateur de jouir de ses
biens que sous le bon plaisir du maître (1).

Mais ce n'est pas assez pour le propriétaire rural
d'être garanti dans sa possession contre tous troubles
et évictions, il lui faut encore, comme moyen néces-

(1) Voyez le *Dictionnaire d'économie politique,* au mot *Agriculture.*

saire de progrès agricole, la liberté des transmissions : or, les lois qui l'interdisent ou la gênent ont infailliblement pour effet d'empêcher la propriété de passer dans les mains les plus aptes à la faire produire abondamment, et de mettre obstacle aux améliorations qui répondent à des besoins se multipliant à mesure que les populations croissent en nombre et en aisance.

A cet égard, les institutions féodales ont eu de sérieux inconvénients ; mais, avant de les énumérer, il nous paraît utile d'indiquer en peu de mots en quoi consistait la féodalité.

La féodalité, dit M. Alexis Monteil (1), était une grande monarchie, sous-divisée en monarchies moins grandes, en fiefs de la Couronne, sous-divisés en monarchies moins grandes encore, en arrière-fiefs, qui renfermaient un nombre infini de petites monarchies, c'est-à-dire de simples fiefs, de simples seigneuries, où se trouvait le peuple dans les diverses conditions, dans les divers états.

Ainsi, telle était l'ordonnance de ce système fameux : à la base, le peuple, puis viennent les seigneurs du

(1) *Histoire des Français des divers états.*

peuple; puis les seigneurs des seigneurs du peuple, les barons; les seigneurs des barons, les comtes; le seigneur des comtes; et enfin, au sommet, le seigneur de tous les seigneurs, le seigneur souverain, le roi. A cet ordre étaient attachés ces nombreux liens qui unissaient les hommes entre eux, qui multipliaient leurs mutuels rapports de bienveillance et d'amitié, qui établissaient entre tous les membres de l'État, depuis le premier jusqu'au dernier, depuis le roi jusqu'au plus pauvre serf, un continuel commerce de services reçus et rendus; car si les serfs et les tenanciers étaient obligés de donner une partie de leur blé, de leur vin, de leurs bestiaux et de leur travail à leur seigneur, à son tour le seigneur était obligé de défendre les champs, les vignes, les troupeaux et la personne des serfs et des tenanciers, et de les secourir dans leurs pertes, leurs accidents et leurs malheurs. En même temps, le seigneur devait servir de ses armes et de ses conseils le baron; à son tour le baron était tenu de protéger le seigneur contre la malveillance, les usurpations et les attaques des autres seigneurs. Mêmes obligations du baron envers le comte, du comte envers le baron, du comte envers le roi, du roi envers le comte. Et l'effet nécessaire de cette grande combinaison politique, c'était le bonheur de chacun en particulier et de tous en général (1).

Il en était ainsi du moins dans l'origine ; mais bientôt le système féodal fut profondément altéré. La protection qui était acquise aux gens du peuple, pour prix de leurs services, fut changée en une oppression insupportable. Ils étaient classés en diverses catégories dans des conditions plus ou moins misérables.

Les *roturiers* étaient des hommes libres, dont les plus honorables s'appelaient *rupturarii*, les rompeurs de terre, les défricheurs, qui transformaient les terres inertes, les friches sauvages en sillons de beau froment.

Les *gagneurs* étaient ceux qui, à force de travail, gagnaient leurs terres appelées gagnables ou anhanables, onomatopée exprimant le labeur et la peine.

Les *pagés* ou tenanciers, solidaires entre eux du paiement de leur cens. On les nomme encore ainsi dans le Midi, et ce sont ordinairement des laboureurs aisés.

Les *villains* étaient ceux qui possédaient des villas ou maisons de campagne.

(1) V. Beaumanoir, Pierre Desfontaines, Boutillier.

Venaient ensuite les serfs dans leur diversité infinie. Il y avait les *serfs coutumiers confrontant,* qui ne devaient que deux tailles, leur poule et leur avoine.

Les serfs attachés à la glèbe, c'est-à-dire à leur terre, comme les arbres qui l'ombrageaient. Leur condition était la plus commune, la plus générale.

Les serfs ou *hommes de poote,* c'est-à-dire les serfs qui étaient dans une *puissance,* seigneurie ou territoire féodal. Ils ne pouvaient chasser la bête fauve ni même la bête noire sans une permission expresse.

Les serfs de corps; ceux-ci étaient placés dans la condition la plus dure. Toutes les chartes sont à leur égard si avilissantes pour l'espèce humaine, dit un savant historien (1), qu'il est presque honteux d'en porter la face.

Les serfs taillables haut et bas, à volonté et à merci, étaient les plus malheureux, les plus opprimés.

Les serfs ou *hommes mainmortables,* pour leurs héritages ou leurs meubles, ou pour tous les biens.

Les serfs massiers.

(1) M. Alexis Monteil.

Les serfs rustiques, toujours sous le bâton levé du massier leur chef.

Les serfs de chantelle, ou plutôt de chantelage, étaient ceux qui payaient un droit au seigneur pour vin vendu sur le chantier de la cave ou du cellier.

Enfin, il y avait les *serfs pagés,* les *serfs vendables,* les serfs laboureurs, les serfs non gagés, serfs censiers, serfs à jour, serfs donnés, d'église, serfs corvéables, abonnés, non abonnés, chartulés.

En bonne règle féodale, il fallait trois degrés d'affranchissement successifs pour qu'un serf pût jouir complétement de la liberté. Lorsqu'il était affranchi par le seigneur bas-justicier, tout aussitôt son servage s'élevait à la moyenne justice à laquelle lui-même appartenait dès ce moment. Était-il affranchi par le moyen justicier? Libre envers celui-ci, il devenait le serf du haut justicier, du seigneur suzerain ou dominant, qui en l'affranchissant à son tour le dégageait de tous les liens de la servitude.

Les difficultés que rencontraient les serfs pour obtenir leur affranchissement devaient le retarder longtemps. Cependant, au xviiie siècle, il n'y en avait plus bu'un petit nombre restés en servage. Tous ceux des domaines de la Couronne ont été affranchis par un édit de Louis XVI, en 1779, et par des raisons de justice et d'humanité les plus pressantes, ce bon roi invita les seigneurs à l'imiter.

Malheureusement l'exemple du monarque fit peu de prosélytes; l'intérêt empêcha les seigneurs, les ecclésiastiques, les corps et les communautés de renoncer à la mainmorte qui leur était si profitable; il fallut une révolution pour les y contraindre.

Voilà, en abrégé, quelle était la condition des tenanciers et des serfs. Celle de la terre n'était guère meilleure.

Sous le régime féodal, quatre sortes de propriétés se partageaient le sol, savoir : la propriété *mainmortable*, la propriété *censuelle*, la propriété *féodale* et la propriété *allodiale*.

Le mot *mainmorte*, dans le langage du droit ancien, avait plusieurs significations; il comprenait, d'une part, une sorte de servitude dans laquelle l'homme était attaché à la glèbe, privé quelquefois du droit de disposer de ses biens, obligé de les laisser au seigneur, et quelquefois aussi poursuivi par un seigneur en quelque endroit qu'il allât faire sa résidence; d'autre part, on entendait par *mainmorte* tous les corps de communauté perpétuels qui, par une subrogation de personnes, étaient censés être toujours les mêmes et ne produisaient aucune mutation par la mort.

La propriété *censuelle* était aussi diverse que les localités où elle se rencontrait, et ses principes aussi incertains que ses titres étaient inconnus.

Parmi les censives, il y en avait qui étaient un droit de justice, d'autres que l'on désignait sous les noms de *champart*, de *complant, percière, albergue, bordelage, arage,* etc.

La rente qualifiée *champart* était une redevance consistant dans une portion de fruits recueillis sur l'héritage qui en était grevé. Des ordonnances de Philippe-Auguste et de Louis VIII montrent des constitutions de champarts comme conditions, non de concessions territoriales, mais d'affranchissements ou de libertés personnelles.

Le champart recevait aussi différents noms dans diverses coutumes : dans les unes, on le désigne par le mot *tasque;* dans les autres, sous les termes d'*agrier* ou de *terrage.* Ces redevances n'étaient pas identiques, mais leur analogie était grande. D'après la coutume de Saint-Jean-d'Angély, l'*agrier* était le champart qui se percevait en blé.

Le *complant* était le cens que le seigneur prenait sur le fruit des vignes qu'il avait baillées à *complant*.

La *percière* était une sorte de champart usité dans la coutume d'Auvergne.

L'*albergue* était une prestation en usage dans le Languedoc, la Provence et le Dauphiné. Elle avait pour origine l'obligation du logement militaire, l'*hébergement*, et pour cause une espèce d'aliénation d'héritage, bail à cens ou emphythéotique ; elle consistait en grains, deniers ou volailles.

Le *bordelage* était un contrat seigneurial, mentionné dans l'ancienne coutume d'Auxerre et dans celle du Bourbonnais. La tenure en bordelage était assimilée à la tenure en mainmorte, et sa rente se reconnaissait à la redevance annuelle en argent, en blé et plumes, c'est-à-dire en volailles.

L'*arage* était une redevance particulière au Barrois, qui avait pour cause la permission par le seigneur justicier au propriétaire d'une terre de la mettre en culture.

La propriété *féodale*, purement contractuelle, avait

pour base le contrat de *fief*, c'est-à-dire la concession d'un immeuble moyennant promesse de *fidélité*, la reconnaissance de sujétion du bien à la personne du concédant et l'obligation de certaines redevances. La propriété féodale et la propriété censuelle se ressemblaient en deux points : 1° elles constituaient entre le seigneur féodal ou *censier*, et le vassal ou *censitaire*, un lien personnel, dérivant originairement du séniorat, supposant entre eux une association de défense commune, et une hiérarchie d'autorité de l'un sur l'autre, n'existant plus que fictivement au xviii° siècle, mais figurant essentiellement dans les conditions du contrat ; 2° elles établissaient une division de la propriété en deux parts, l'une nommée par les jurisconsultes *domaine direct*, l'autre *domaine utile*. La première appartenait au seigneur, la seconde au vassal ou censitaire. De ces deux conditions communes au fief et à la censive, le lien personnel seul était distinctif.

Dans le fief, les droits exclusivement distinctifs de la directe seigneuriale, étaient la fidélité, l'hommage, l'aveu et la reconnaissance féodale. La fidélité constatée par l'hommage était donc un signe essentiellement caractéristique de la convention féodale. L'acte solennel de l'hommage prouve que le caractère propre de la féodalité était d'entretenir sans cesse dans le cœur du vassal une reconnaissance toujours active pour son seigneur. et de lui remettre perpétuellement sous les yeux la main de qui il avait reçu ce qu'il tenait. Aussi, au moment où cette reconnaissance cessait, au moment où le vassal méconnaissait son seigneur, le lien moral qui les unissait était rompu, il n'y avait plus de rapport féodal entre eux.

Telles étaient les formalités de l'hommage, qu'il est, sous le rapport historique, utile de conserver. «Le vas-
» sal, pour faire la foi et hommage et ses offres à son
» seigneur féodal, est tenu aller vers le dit seigneur,
» au lieu dont est tenu et mouvant le dit fief, et, y
» étant, demander si le seigneur est au lieu, et s'il y
» a autre pour lui ayant charge de recevoir la foi et
» hommage et offres. Et ce faisant doit mettre un
» genou en terre, nue tête, sans épée ni éperons, et
» dire qu'il lui porte et fait la foi et hommage qu'il
» est tenu de faire à cause du dit fief mouvant de lui;
» et déclarer à quel titre le dit fief lui est avenu, le
» requérant qu'il lui plaise le recevoir. »

Lorsque l'obligation de l'hommage n'était pas accompagnée de celle d'un droit utile, dont le vassal devait faire offre, l'hommage consistait dans ce qu'on appelait la *bouche* et les *mains*. Le vassal mettait ses mains dans celles du seigneur, en signe d'alliance ou plutôt de soumission. Quant au mot *bouche*, il désignait un baiser que le seigneur donnait au vassal, qui présentait la bouche pour le recevoir. Par bienséance, les femmes pouvaient faire hommage sans recevoir le baiser (1).

La propriété *allodiale, alleu* ou *franc-alleu*, était celle qui, demeurée libre dans la main de son possesseur, était affranchie de tout lien de sujétion et de toute redevance seigneuriale. La coutume de Normandie portait : « Les terres de franc-alleu sont celles qui ne » reconnaissent supérieur en féodalité et ne sont su- » jettes à payer aucuns droits seigneuriaux. »

Les terres allodiales et le principe de la propriété de l'alleu ont subi diverses modifications. La première se rapporte à la règle de l'*enclave;* la seconde à la maxime *nulle terre sans seigneur,* la troisième au principe de *la directe universelle.*

En ce qui concerne l'*enclave*, à défaut de titre éta-

(1) Dumoulin, Championnière, régime des eaux courantes, Dalloz, *répertoire général* de jurisprudence.

blissant le contraire, tout seigneur d'un territoire circonscrit était présumé avoir le même droit sur toutes
les parties de ce territoire; de même aussi tout domaine compris dans les limites d'un fief circonscrit
faisait partie de ce fief.

Nulle terre sans seigneur. Cette règle s'établit relativement à la justice. Sous les rois de la troisième race,
la justice seigneuriale fut rattachée au pouvoir royal;
alors il fut reconnu que tout seigneur justicier en tête
d'une paroisse avait le droit à la justice dans toute
l'étendue de cette paroisse et sur toute terre qui en
faisait partie; en sorte qu... par rapport à la justice, il
n'y avait point de terre libre ou allodiale.

Cette règle relative à la justice, admise par toute la
France, ne fut pas également étendue à la directe
féodale.

Dans les pays de droit coutumier, on établit en principe que toute terre était présumée féodale ou censuelle; au contraire, dans les pays de droit écrit, toute
possession était considérée comme libre et allodiale.
Le premier principe s'exprime par cette maxime :
nulle terre sans seigneur; le second, en ces termes :
nul seigneur sans titre.

Là où fut admise cette dernière règle, l'effet de

l'enclave se borna au cas où le domaine contesté se trouvait enclavé de toutes parts dans un fief limité et circonscrit ; mais là où domina la maxime : *nulle terre sans seigneur*, il ne s'agissait que de déterminer à quelle seigneurie appartenait le domaine à l'égard duquel il n'existait pas de titre et qui n'était situé dans l'enclave d'aucun fief.

On admit cette distinction : lorsque les fiefs environnants n'étaient pas expressément limités, le domaine sans titre était présumé faire partie du fief dont les titres annonçaient le territoire le plus universel ; mais quand les fiefs voisins ou environnants étaient expressément limités, et ne comprenaient pas le domaine litigieux, la *directe féodale* était alors présumée appartenir au seigneur justicier, dans la justice duquel le bien était situé. Cette immense révolution, qui avait eu pour objet de convertir le droit du justicier, étranger jusque-là à la propriété du sol, en un droit de fief ou *directe féodale*, c'est-à-dire dans la propriété du fonds, fut énergiquement combattue par les jurisconsultes et ne s'établit que par la puissance royale, intéressée à constituer en terres féodales toutes les terres du royaume, pour percevoir des droits de mutation dont les alleux étaient affranchis.

Cette combinaison du principe de l'enclave, de la maxime : *nulle terre sans seigneur*, et de l'attribution de la directe à toute redevance censuelle, constituait ce qu'on appelait la *directe universelle*. Les caractères de cette directe ne différaient de ceux de la directe particulière qu'en ce que celle-ci s'appliquait à un domaine en vertu d'un titre spécial, tandis que la *directe universelle* dominait une généralité, comme une paroisse, une haute justice, un duché, une principauté. Le roi, supposé par les domanistes seigneur féodal de toutes les terres du royaume, jouissait à ce titre de la *directe universelle*, sur tout le territoire uni de la Couronne (1).

Tous les droits féodaux proprement dits dérivaient du fief ou de la censive ; ainsi toute rente, toute redevance, toute obligation féodale supposait un fief ou une censive ; réciproquement tout fief, toute censive emportait des droits féodaux.

Toutes les possessions et jouissances se rangeaient en outre en deux grandes catégories : les terres *nobles* et les terres *roturières*. Toute terre possédée à titre de fief était noble tant pour le seigneur dominant que

(1) Championnière, *Régime des eaux courantes*; Dalloz, *Répertoire général.*

pour le vassal ; toute terre censuelle ou emphytéotique était roturière à l'égard du possesseur du domaine ; mais la terre censuelle était noble à l'égard du seigneur, tandis que la rente emphytéotique ou simplement foncière était roturière quelle que fût la qualité du créancier ou celle du débiteur de cette rente (1).

Les alleux eux-mêmes se divisaient en alleux nobles et en alleux roturiers : on appelait alleux nobles ceux auxquels était joint le droit de justice.

Dans l'origine, l'inféodation ou le droit de créer un fief ou de s'attacher des vassaux par le lien seigneurial, n'était permise qu'au possesseur d'un *alleu noble* ou d'un *domaine féodal*. Par conséquent, ni le propriétaire d'un *alleu roturier*, ni le possesseur d'une *censive*, ni à plus forte raison l'*emphytéote*, ou tout autre détenteur à titre *précaire*, n'était capable de faire une concession féodale, ni de stipuler à son profit des droits véritablement seigneuriaux, et cela pour une infinité de raisons : c'est qu'on ne pouvait donner en fief ou à cens que des héritages *nobles*; c'est que pour pouvoir communiquer ou conserver la puissance féodale, il fallait l'avoir, il fallait en être investi ; enfin,

____

(1) Voyez les mêmes auteurs.

1*

c'est que les fiefs étaient des dignités réelles et que le roi ou ceux qui en avaient reçu le pouvoir pouvaient seuls conférer les dignités.

Cette doctrine repose sur le *caractère politique* attribué à la possession féodale. Un fief était un héritage dans lequel la propriété était unie à la *puissance publique*. En partant de cette théorie politique, on comprend les restrictions du droit d'inféoder (1).

Le possesseur d'un alleu noble, au contraire, pouvait librement concéder ses terres à titre de fief ou de censive seigneuriale, parce que, dans le franc alleu noble, un titre de seigneurie se trouvait toujours joint à la propriété privée, et qu'un tel domaine ne pouvait exister qu'en vertu d'une concession royale.

CONDITIONS DE LA TERRE.

Relativement au seigneur, la terre était encore serve : elle lui payait, sous mille divers noms féodaux, à peu près le sixième net.

Relativement au décimateur, elle payait le quatorzième.

(2) Voyez Henrion de Pansey, Championnière, Dalloz.

Relativement au fisc, elle était ici noble, là roturière, ailleurs franche, là imposée, et sous les antiques noms de cens, de fouages, de tailles, elle payait inégalement le sixième, le septième.

La condition essentielle au fief était à toutes les époques l'aliénabilité. Le vassal ne pouvait le vendre, le transmettre gratuitement, ni s'en dessaisir complétement, sans le consentement du seigneur. C'était comme un usufruitier qui avait peu d'intérêt à l'amélioration d'un héritage qu'un jour ou l'autre il devait abandonner.

Mais une des causes principales qui s'opposaient à la prospérité de l'agriculture, c'est la tenure de la terre en vertu de baux à *domaines congéables*. On entendait par domaine congéable un héritage dans la possession duquel le seigneur pouvait toujours rentrer, ou de la possession d'un bien affermé pour un temps indéfini et dont le propriétaire pouvait toujours reprendre la jouissance ; de sorte que le fermier était continuellement sous la menace d'une expulsion.

Ce qui est surtout à remarquer dans les contrats féodaux, c'est l'absence de réciprocité. Le seigneur y prend toutes les précautions pour assurer leur exécution contre le vassal, tandis que ce dernier n'est nullement garanti contre les caprices du seigneur. C'est dans la *commise* notamment qu'on rencontre cette inégalité choquante. La *commise féodale* n'était autre chose que la clause résolutoire du fief dans le cas d'inexécution des conditions du contrat qui unissait le seigneur au vassal. Or, les clauses résolutoires étaient au nombre de cinq : 1° Si le vassal avait séduit la femme, la fille ou la sœur du seigneur, ou s'il lui avait fait quelque injure grave ; 2° s'il avait eu l'audace de le frapper ; 3° s'il lui avait porté un préjudice notable ; 4° s'il avait attenté à sa vie ; 5° s'il avait refusé d'accomplir les obligations du fief. Voilà pour le seigneur ; mais on ne trouve aucune clause, aucune stipulation qui garantisse le vassal et les siens contre les actes d'oppression ou les brutalités du seigneur.

Il nous reste maintenant à parler des entraves qui contrariaient les intentions des tenanciers dans l'exploitation de leurs terres.

Il était défendu de laisser les champs en jachère pendant plus de trois ans, ce qui donnait droit au propriétaire de les faire cultiver pour son compte.

Une ordonnance de février 1350 prescrit quatre façons aux vignes.

Il est fait une obligation d'observer les assolements,

d'user de certains instruments dans les travaux de culture et pendant la moisson. Il est fait défense par le seigneur au tenancier de changer la culture des terres assujetties à ses rentes (1).

On ne pouvait fumer les terres avec du fumier de pourceau, pour y planter ou semer aucune chose de jardinage ; en cas de contravention, les choses semées étaient labourées et renversées, et le contrevenant condamné en deux écus d'amende. (Lettres patentes de novembre 1599.)

Une ordonnance de police du 13 décembre 1691 interdisait l'emploi des matières fécales pour l'engrais des terres, à moins qu'elles ne fussent entièrement consommées ; une amende de 300 livres en était la sanction.

Des édits voulaient que l'on conservât tout le chaume pour les pauvres et défendaient de se servir de la faux pour la récolte du blé, parce que avec la faux, les blés étaient coupés à ras de terre ; de sorte que les cultivateurs étaient obligés d'employer la faucille, ce qui rendait leurs travaux beaucoup plus pénibles et leur faisait perdre un temps précieux. La force de ces édits

(1) Voyez le Code des seigneurs, par Henriquez.

était telle que plusieurs fois la Cour de cassation fut contrâinte de casser des arrêts des tribunaux qui avaient trouvé moyen de les faire revivre, malgré le décret de 1791, dont nous allons bientôt nous occuper.

Un arrêt du Conseil d'État du 4 février 1567 restreint les plantations de vignes au tiers seulement des terres cultivables, afin que les deux tiers au moins des terres soient tenues en *blairie* et que ce qui est propre et commode pour praire ne soit pas appliqué au vignoble.

Enfin le possesseur n'était pas libre de clore ses héritages ou de les laisser ouverts. Tantôt, on le forçait à clore hermétiquement son champ, pour ne laisser aucun accès au gibier qui aurait pu s'introduire par des ouvertures ou trouées. Tantôt on lui interdisait la clôture, sous prétexte qu'elle gênait l'exercice du chasseur seigneurial et rétrécissait la carrière de ses plaisirs.

Dans quelques endroits, la coutume s'opposait à la clôture des terres, pour faciliter au seigneur la perception des droits de champart, de complant et de dîme; dans d'autres, pour conserver aux habitants le droit de parcours et de vaine pâture (1).

(1) Fournel, *Lois rurales.*

Tel était l'état de la propriété en France lorsqu'intervint le décret du 4 août 1789, qui détruisit entièrement le régime féodal, déclara rachetables tous les droits féodaux ou censuels, abolit le droit exclusif de fuies, de colombiers, de chasse et de garonnes ouvertes, dont l'exercice était le fléau des campagnes.

Par un second décret des 28 septembre et 6 octobre 1791, concernant les biens et usages ruraux, et la police rurale, l'Assemblée constituante consacre les grands principes qui doivent servir de base au Code qu'elle promulgua. Ces principes sont : liberté du sol, liberté de culture, égalité des charges, inviolabilité privée, affranchissement du domaine des eaux des ridicules prétentions des seigneurs ; droit de se clore admis comme se liant essentiellement au droit de propriété ; priviléges accordés aux cultivateurs, abolition du droit de parcours et de vaine pâture.

La même Assemblée prescrit des mesures de police contre les épidémies, et aux corps administratifs d'employer constamment tous les moyens de protection et d'encouragement pour la multiplication des chevaux, des troupeaux et des bestiaux de race étrangère utiles à l'amélioration de nos espèces ; elle s'occupe ensuite des récoltes, des bans de vendange, des chemins, des gardes champêtres. Enfin, dans le titre II du décret, elle traite de la police rurale, qu'elle place sous la juridiction des juges de paix, des officiers municipaux et des tribunaux correctionnels, et elle établit une pénalité modérée et proportionnée aux infractions.

Tel est le décret que l'on a appelé le Code rural et qui a fait tant d'honneur à l'Assemblée constituante. Un assez grand nombre de ses dispositions ont été, les unes modifiées, les autres remplacées par la loi du 23 thermidor an IV et le Code pénal. Dans l'examen attentif auquel nous nous sommes livré, nous avons fait connaître ces dispositions et essayé d'expliquer celles qui sont restées en vigueur.

Ce travail, fait uniquement pour notre usage, ne devait pas être mis au jour; mais quelques personnes, très-compétentes en ces matières, auxquelles nous l'avons communiqué, ayant trouvé qu'il pouvait être utile, en l'absence du nouveau Code rural promis depuis bien des années et dont la promulgation ne paraît pas devoir être faite avant quelque temps encore, sur leur avis, nous nous sommes décidé à le publier. Il s'adresse particulièrement aux cultivateurs, aux propriétaires et fermiers, aux bergers, aux gens de la campagne. Puisse-t-il les éclairer sur leurs droits et en même temps sur leurs devoirs, et prévenir ainsi les contestations si nombreuses au sujet du parcours et de la vaine pâture, les délits et les contraventions! C'est la seule récompense que nous désirons.

CODE RURAL.

DÉCRET

CONCERNANT LES BIENS ET USAGES RURAUX ET LA POLICE RURALE.

(Du 28 septembre, 6 octobre 1791.)

TITRE PREMIER.

Des Biens et Usages ruraux.

SECTION I.

Des principes généraux sur la propriété territoriale.

ARTICLE 1er.

Le territoire de la France, dans toute son étendue, est libre comme les personnes qui l'habitent : ainsi toute propriété territoriale ne peut être sujette envers les particuliers qu'aux redevances et aux changes dont la convention n'est pas défendue par la loi ; envers la nation, qu'aux contributions publiques établies par le Corps législatif, et aux sacrifices que peut exiger le bien général, sous la condition d'une juste et préalable indemnité.

Par cet article, l'Assemblée constituante proclame la liberté de la propriété, son affranchissement, son égalité devant l'impôt, son inviolabité qui ne doit fléchir que devant l'intérêt général et moyennant une juste et préalable indemnité.

ART. 2.

Les propriétaires sont libres de varier à leur gré la culture et l'exploitation de leurs terres, de conserver à leur gré leurs récoltes, et de disposer de toutes les productions de leur propriété dans l'intérieur du royaume et au dehors, sans préjudicier au droit d'autrui et en se conformant aux lois.

Dans l'introduction qui précède, nous avons signalé quelques-unes des entraves qui gênaient les propriétaires dans la culture et l'exploitation des terres; aujourd'hui toutes ces entraves sont supprimées et les propriétaires sont investis du droit de varier à leur gré la culture de leurs champs, d'en jouir et d'en disposer de la manière la plus absolue, pourvu qu'on n'en fasse pas un usage prohibé par les lois ou par les règlements. (Art. 544 du Code Napoléon.)

Par exemple, il n'est pas permis à un propriétaire d'introduire un genre de production végétale qui aurait pour effet de projeter dans le voisinage des émanations insalubres et des germes de maladies, soit pour les hommes, soit pour les animaux, ni de semer un champ de plantes vénéneuses, dont l'approche serait pernicieuse aux bestiaux.

Il lui est interdit également de cultiver du tabac, dont le Gouvernement s'est réservé la fabrication et la vente. (Décret du 29 décembre 1810.)

ART. 3.

Tout propriétaire peut obliger son voisin au bornage de leurs propriétés contiguës, à moitié frais.

Cette disposition est remplacée par l'article 646 du Code Napoléon ainsi conçu : « Tout propriétaire peut obliger son voisin au bornage » de leurs propriétés contiguës. »

Le bornage se fait à frais communs. La loi du 24 août 1790 et l'article 3 du Code de procédure civile ont placé dans les attributions des juges de paix la connaissance des déplacements de bornes ; mais, d'après la loi du 25 mai 1838, article 6, n° 2, ces mêmes juges sont compétents pour apprécier les actions en bornage. C'est une nouvelle attribution qui leur est donnée, parce qu'elle se rattache encore plus au fait de la possession qu'au droit de propriété. Le droit de propriété est fixé, il ne s'agit plus que de l'appliquer aux terrains à borner; pour cela, une simple vérification, une descente de lieux suffit, et les juges de paix sont très-bien placés pour faire cette appréciation.

Il arrive fréquemment que dans le labourage des terres, dans le coupage des herbes, blés et autres grains, chacun anticipe quelque peu sur l'héritage voisin. Ces sortes d'anticipations, qui ne sont pas le résultat d'une possession à titre de propriétaire, n'ont aucune conséquence relativement à la prescription ; elles ne doivent pas non plus être considérées pour le placement des bornes. (Lonchamp, *Précis sur la police rurale.*)

Une application de titres pour le bornage peut se faire au moyen d'un arpentage. Lorsqu'il résulte de cette opération que l'un des voisins a plus que la contenance portée dans ses titres, et que l'autre en a moins, on doit parfaire ce qui manque à celui-ci par ce que l'autre a de plus, si ce dernier n'a pas acquis la possession de l'excédant de contenance portée dans ses titres. (Pothier.)

Il peut se faire que les anciennes bornes subsistent, qu'elles aient seulement cessé d'être visibles, qu'elles se trouvent effacées de la surface du sol, parce que le terrain qui les supportait a fléchi, ou parce qu'elles ont été couvertes de terre, en labourant les héritages qu'elles délimitent. Lorsqu'elles ont pu être découvertes, elles sont le signe le plus certain de la ligne à suivre pour la délimitation à établir par le bornage. Mais la difficulté est de reconnaître ces anciennes bornes; elles se distinguent ordinairement par une croix et les marques connues sous le nom de *témoins*, lesquelles sont tantôt un morceau de charbon, de verre, de cuivre, de métal ou autre substance durable qui ne soit pas de nature à se confondre avec les matières composant le sol ; tantôt des pierres plates ou tuileaux placés debout à côté de la borne, ou brisés de façon que les morceaux étant rapprochés les uns des autres puissent se raccorder. Quelques auteurs enseignent qu'une borne dénuée de témoins ne doit être investie d'aucune considération. C'est aller trop loin. Si une pierre profondément enfoncée dans la terre présentait une intention évidente de bornage, le caractère de borne ne pourrait lui être refusé, quoiqu'elle fût dénuée de témoins. (Lonchamp.)

Art. 4.

Nul ne peut se prétendre propriétaire exclusif des eaux d'un fleuve ou d'une rivière navigable ou flottable. En conséquence, tout propriétaire riverain peut, en vertu du droit commun, y faire des prises d'eau, sans néanmoins en détourner ni embarrasser le cours d'une manière nuisible au bien général et à la navigation établie.

L'usage donne divers noms aux cours d'eau, suivant leur grosseur ou le volume d'eau qu'ils contiennent ; il les distingue en filets d'eau, ruisseaux, biez, petites rivières, rivières et fleuves. La loi n'a pas admis cette distinction ; elle soumet au même régime toute eau courante, toute eau qui coule perpétuellement dans le lit qui lui a été donné par le Créateur, quels qu'en soient la force, la quantité ou le volume, à moins qu'elle ne soit navigable ou flottable. Celui dont la propriété borde une eau courante, dit l'article 644 du Code Napoléon, autre que celle qui est déclarée dépendance du domaine public, peut s'en servir à son passage pour l'irrigation de ses propriétés, et celui dont cette eau traverse l'héritage peut même en user dans l'intervalle qu'elle y parcourt, mais à la charge de la rendre à la sortie de ses fonds à son cours ordinaire.

D'après les lois du 1er mai 1845 et du 15 juillet 1847, le propriétaire qui voudra se servir, pour l'irrigation de ses héritages, des eaux naturelles ou artificielles, peut même obtenir le passage de ces eaux sur les fonds intermédiaires, et la faculté d'appuyer sur la propriété du riverain opposé les ouvrages d'art nécessaires à la prise d'eau, à la charge d'une juste et préalable indemnité.

Quant aux rivières navigables ou flottables, en principe, chacun a le droit d'en user; mais les lois qui ont réglé l'exercice de cet usage l'ont circonscrit dans des limites restreintes. Ainsi, la navigation n'y est permise qu'à ceux qui se conforment aux règlements et acquittent les droits établis; les riverains n'ont le droit d'y faire des prises d'eau qu'en vertu d'une autorisation du préfet; d'y établir des usines, etc.

SECTION II.

Des baux des biens de campagne.

ARTICLE 1er.

La durée et les clauses des baux des biens de campagne sont purement conventionnelles.

ART. 2.

Dans un bail de six années ou au-dessous fait après la publication du présent décret, quand il n'y aura pas de clause sur le droit du nouvel acquéreur à titre singulier, la résiliation du bail, en cas de vente du fonds, n'aura lieu que de gré à gré.

ART. 3.

Quand il n'y aura pas de clause sur ce droit dans les baux de plus de six années, en cas de vente du fonds, le nouvel acquéreur à titre singulier pourra exiger la résiliation, sous la condition de cultiver lui-même sa propriété ; mais en signifiant le congé au fermier au moins un an à l'avance, pour qu'il sorte à pareils mois et jour que ceux auxquels le bail aurait fini, et en dédommageant au préalable ce fermier, à dire d'experts, des avantages qu'il aurait retirés de son exploitation ou culture continuée jusqu'à la fin de son bail, d'après le prix de la ferme, et d'après les avances et améliorations qu'il aura faites à l'époque de la résiliation.

ART. 4.

La tacite réconduction n'aura plus lieu à l'avenir en bail à ferme ou loyer des biens ruraux.

Les quatre articles qui précèdent sont abrogés par les articles 1134, 1714 et suivants du Code Napoléon. Le législateur de 1791 avait voulu abolir les coutumes ou les principes qui réagissaient sur les baux des cultivateurs, lors même qu'il n'y avait pas de stipulation. Son œuvre nous révèle, dans toutes ses dispositions, le vif intérêt qu'il prenait à l'agriculture et à ses agents. On reconnaît partout, dit M. Dalloz, une main bienfaisante qui ne se contente pas seulement de délivrer les cultivateurs des chaînes féodales auxquelles ils étaient rivés, mais qui s'efforce de leur offrir protection et sécurité, si nécessaires au bien-être et à la prospérité des campagnes.

ART. 5.

A l'avenir il ne sera payé aucun droit de quint, treizième, lods et ventes, et autres précédemment connus sous le titre de droit de vente, à raison des baux à ferme ou à loyers faits pour un temps certain et limité, encore qu'ils excèdent le terme de neuf années, soit que le bail soit fait moyennant une redevance annuelle, soit pour une somme une fois payée, nonobstant toutes lois, coutumes, statuts ou jurisprudence à ce contraires ; sans préjudice de l'exécution des lois, coutumes ou statuts qui assujettissent les baux à vie et les aliénations d'usufruits à des droits de vente ou autres droits seigneuriaux.

Cet article a été remplacé par les lois fiscales sur les baux.

SECTION III.

Des diverses propriétés rurales.

ARTICLE 1er.

Nul agent de l'agriculture, employé avec des bestiaux au labourage, ou à quelque travail que ce soit, occupé à la garde des troupeaux, ne pourra être arrêté, sinon pour un crime, avant qu'il ait été pourvu à la sûreté desdits animaux ; et en cas de poursuite criminelle, il y sera également pourvu immédiatement après l'arrestation, et sous la responsabilité de ceux qui l'auront exercé.

Cet article distingue entre l'arrestation pour délits et l'arrestation pour crimes. Dans le premier cas on doit, avant l'arrestation, pourvoir à la sûreté des bestiaux : l'intérêt de l'agriculture l'emporte sur l'intérêt social, qui est rarement gravement atteint par un délit ; mais, s'il y a crime, l'intérêt social l'emporte sur celui de l'agriculture. Aucune loi n'ayant abrogé cette disposition, elle est encore en vigueur.

Art. 2.

Aucun engrais ni ustensile, ni autre meuble utile à l'exploitation des terres, et aucuns bestiaux servant au labourage, ne pourront être saisis ni vendus pour contributions publiques, et ils ne pourront l'être pour aucune cause de dette, si ce n'est au profit de la persone qui aura fourni lesdits effets ou bestiaux, ou pour l'acquittement de la créance du propriétaire envers son fermier, et ce seront toujours les derniers objets saisis, en cas d'insuffisance d'autres objets mobiliers.

L'article 594 du Code de procédure porte qu'en cas de saisie d'animaux et ustensiles servant à l'exploitation des terres, le juge de paix pourra, sur la demande du saisissant, le propriétaire et le saisi entendus ou appelés, établir un gérant à l'exploitation. Il importe, en effet, aux intéressés, que l'exploitation ne soit pas confiée à des mains inhabiles. L'article 592 du Code précité, n° 1, déclare insaisissables les objets qui sont considérés par la loi comme immeubles par destination, quand ils ont été placés par le propriétaire pour le service et l'exploitation du fonds ; or, l'article 524 du Code Napoléon range parmi les immeubles par destination précisément les animaux attachés à la culture, les ustensiles aratoires, les semences données aux fermiers ou colons partiaires, les pigeons des colombiers, les lapins des garennes, les ruches à miel, les poissons des étangs, les pailles et engrais.

M. Dalloz pense que la dernière partie de l'article que nous expliquons doit être, autant que possible, en matière de saisie, scrupuleusement respectée ; mais il se demande comment elle pourrait recevoir son exécution et qui constatera que les effets déjà saisis suffisent au paiement du capital, des intérêts et des frais que souvent on ne connaît pas. Dans cette incertitude, quel est le pouvoir qui pourra arrêter l'officier ministériel qui procède à la saisie ? Il n'y en a aucun. Evidemment au lieu de dire : *Ce seront toujours les derniers objets saisis*, c'est *vendus* que le législateur devait insérer dans le texte de la loi, car c'est au moment de la vente seulement, qu'on peut apprécier si le mobilier suffit, et encore n'est-ce pas très-facile, à cause des oppositions de divers créanciers, qui existent souvent pour des sommes dont l'officier public qui procède à la vente ne connaît pas toujours l'importance. Quoi qu'il en soit, le législateur de 1791 a fait preuve des sentiments les plus bienveillants pour l'agriculture (1).

ART. 3.

La même règle aura lieu pour les ruches ; et pour aucune raison il ne sera permis de troubler les abeilles dans leurs courses et leurs travaux ; en conséquence, même en cas de saisie légitime, une ruche ne pourra être déplacée que dans les mois de décembre, janvier et février.

Cette disposition n'est pas inconciliable avec le Code de procédure civile ; conséquemment elle n'est pas abrogée. Tel est l'avis de M. Lonchamp ; mais M. Rogron (Code rural) pense, au contraire, que du soin que les rédacteurs du Code de procédure ont mis à énumérer dans les articles 592 et 593 les objets insaisissables et à étendre sur ce point les dispositions de l'ordonnance de 1667, on doit conclure qu'ils ont eu l'intention de rendre limitatif les deux articles que

(1) Constantin voulait que les cultivateurs ne fussent obligés à aucune corvée ou charge extraordinaire, lorsqu'ils étaient occupés aux semences et aux récoltes, parce qu'on ne devait jamais laisser échapper le moment qu'accorde la Providence de terminer des travaux si importants en temps opportun. Il défendit en outre aux créanciers des cultivateurs de saisir pour dettes les esclaves, les boeufs et tous instruments de labour, sous peine de subir une punition arbitraire. Cette loi fut renouvelée en France par une ordonnance de Charles V.

nous venons de citer. Cette raison ne nous paraît pas suffisante pour nous faire considérer comme abrogée la disposition qui nous occupe.

Les ruches à miel qui appartiennent à un locataire et qui, pour cette raison, ne sont pas immeubles par destination, ne pourraient être saisies pour aucune créance si notre article, comme nous le pensons, avait conservé toute sa force, car il prohibe la saisie des ruches en général.

Des auteurs, MM. Dalloz (*Répertoire de jurisprudence*) ont examiné la question de savoir si l'on commet un délit en faisant périr un essaim d'abeilles par des manœuvres frauduleuses, et ils se prononcent pour la négative. Le droit romain, disent-ils, accordait une action contre celui qui avait mis en fuite des abeillles en introduisant de la fumée dans la ruche, ou qui par tout autre moyen aurait causé leur mort, par exemple en empoisonnant les fleurs ; mais comme la destruction et l'empoisonnement des abeilles n'est pas prévu par le Code pénal, et nous ajouterons ni par aucune loi spéciale, le propriétaire n'a qu'une action civile en dommages-intérêts basée sur l'article 1382 du Code Napoléon.

Art. 4.

Les vers à soie sont, de même, insaisissables pendant leur travail, ainsi que la feuille du mûrier qui leur est nécessaire pendant leur éducation.

On ne peut qu'admirer la vive sollicitude avec laquelle les auteurs du Code rural se sont occupés de l'agriculture et de tout ce qui s'y rattache. Ainsi que les animaux employés au labourage, ainsi que les abeilles, les vers à soie et jusqu'à la feuille du mûrier qui leur est nécessaire pendant leur éducation, sont l'objet de la protection de ce Code.

Selon M. Rogron, cet article serait rapporté par les articles 592 et 595 du Code de procédure, et que les vers à soie, que le Code Napoléon, à la différence des ruches, n'a pas déclaré immeubles par destination, pourraient être saisis en général, et même pourraient l'être pendant leur travail ; mais cette opinion est combattue par l'auteur du *Ré-*

pertoire de la législation nouvelle, par le motif que l'intérêt du créancier et du débiteur s'accorde pour empêcher la saisie et la vente intempestives des vers à soie dans le cours de leur travail, ainsi que la feuille du mûrier, nécessaire pendant leur éducation; dès lors l'article 4 que nous expliquons doit continuer d'être observé. M. Lonchamp est aussi du même avis, parce que notre article n'est point inconciliable avec ceux du Code de procédure qui parlent de la saisie.

Nous ajouterons que trois autres motifs militent en faveur du maintien de cette disposition, qui est la seule qui existe dans nos lois sur les vers à soie :

1° Cette industrie précieuse serait exposée à périr si les vers à soie étaient troublés dans leurs travaux, c'est ce que n'ont pu vouloir les auteurs du Code de procédure ; 2° Le silence qu'il garde au sujet de ces animaux si délicats implique la conservation de notre article dans toute sa vigueur ; 3° Enfin, un avis du conseil d'Etat, du 1er juin 1807, déclare que l'article 1041 du Code de procédure ne s'applique pas aux *formes de procéder en toute matière pour laquelle il a été fait exception aux lois générales*, d'où l'on doit conclure que l'article 4 du Code rural subsiste toujours.

Les vers à soie doivent-ils être considérés comme des animaux domestiques dans le sens de l'article 454 du Code pénal, et dès lors les peines qu'il prononce doivent elles être appliquées au prévenu reconnu coupable d'avoir méchamment fait périr des vers à soie appartenant à autrui? Oui, attendu que, sous la dénomination générale d'animaux domestiques, l'article 454 du Code pénal comprend tous les êtres animés qui vivent, s'élèvent, sont nourris, se reproduisent sous le toit de l'homme et par ses soins ; que les vers à soie, qui remplissent ces conditions, doivent être considérés comme des animaux domestiques; attendu, de plus, que l'empoisonnement des animaux domestiques par l'administration d'une substance placée de dessein prémédité, à leur portée, pour les détruire, et qui leur a donné la mort, est un des modes de les tuer prévus et punis par l'art. 454 précité. (Cassation, 14 mars 1861.)

ART. 5.

Le propriétaire d'un essaim a le droit de le réclamer et de s'en ressaisir, tant qu'il n'a point cessé de le suivre ; autrement l'essaim appartient au propriétaire du terrain sur lequel il s'est fixé.

Les abeilles sont au rang des animaux sauvages qui n'appartiennent à personne ; elles deviennent la propriété de quiconque s'en empare. Il en est de même du miel et de la cire qui forment les rayons, à moins que les abeilles ne soient renfermées dans une ruche ; alors elles sont l'objet d'une propriété exclusive, elles entrent dans le domaine de l'homme.

Et quand même un essaim se trouverait dans les champs et hors de sa ruche, il n'appartiendra pas à celui qui viendra à s'en emparer, si le propriétaire de l'essaim s'est mis à sa poursuite, *sans le perdre de vue*, pour le rappeler à la ruche qu'il a quittée ; dans ce cas, il est autorisé à le réclamer comme étant sa propriété.

Mais si l'essaim, *après avoir été perdu de vue*, tombe au pouvoir de quelqu'un ou va se fixer chez un voisin, celui-ci n'est pas tenu de le restituer, et il peut le conserver à titre de premier occupant.

Partout, dit M. Lonchamp, où l'abeille sent les fleurs qu'elle recherche, elle y vole. Les barrières par lesquelles un propriétaire interdit l'entrée de son héritage ne peuvent l'arrêter ; elle les franchit aisément et brave les efforts que l'on peut faire pour la chasser. Douce et paisiblement laborieuse quand on ne l'offense pas, elle devient altière contre ceux qui l'irritent : alors elle les attaque, elle les poursuit avec acharnement, et les vengeances que lui inspire sa colère n'ont d'autre terme que sa mort. Sa divagation sur le terrain d'autrui n'est pas un délit. En aspirant le suc des fleurs sur lesquelles elle se repose, elle ne fait aucun tort à la plante où elle le puise ; l'action en dédommagement qui serait exercé contre le propriétaire du rucher ne pourrait être accueillie.

Un propriétaire ne peut se plaindre de ce qu'un voisin réunit beaucoup d'abeilles dans une contrée où il y a peu de terres et empêche les siennes de butiner ; il se perd beaucoup plus de sucs qu'il n'en faut aux abeilles de chaque pays ; elles ne nuisent point en picorant à la fécondité des arbres et des grains. (Rolland).

Selon une loi de Dracon, la distance que les voisins devraient obsereer entre eux pour le placement de leurs ruches était d'environ cent mètres ; en France, il n'existe aucune loi qui défende d'entretenir des ruches dans les villes, dans les villages, ou sur le bord des places publiques, et des chemins ; mais, en raison des inconvénients et des accidents qui résulteraient de la piqûre des abeilles, l'autorité administrative a le droit d'empêcher qu'il en soit placé dans les lieux où elles pourraient nuire aux habitants.

SECTION IV.

Des troupeaux, des clôtures, du parcours et de la vaine pâture.

ARTICLE 1er.

Tout propriétaire est libre d'avoir chez lui telle quantité et telle espèce de troupeaux qu'il croit utiles à la culture et à l'exploitation de ses terres, et de les y faire pâturer exclusivement, sauf ce qui sera réglé ci-après relativement au parcours et à la vaine pâture.

L'autorité municipale ne peut ni supprimer ni restreindre le droit, si formellement consacré par la loi, qu'a chaque habitant de posséder chez lui la quantité de bétail qui lui convient ; par conséquent, est il-légal et non obligatoire le règlement qui porte que tout propriétaire ne pourra garder chez lui qu'une seule bête à laine par tant d'ares de terre. (Cass., 10 mars 1854.)

Le principe admis par notre article dérive de la liberté d'exploitation consacrée par les premières dispositions du Code rural, et ce Code en poursuit avec soin toutes les conséquences.

ART. 2.

La servitude réciproque de paroisse à paroisse, connue sous le nom de *parcours*, et qui entraîne avec elle le droit de vaine pâture, *continuera provisoirement d'avoir lieu* avec les restrictions déterminées en la présente section, lorsque cette servitude sera fondée sur un titre où une possession autorisée par les lois et les coutumes.

Comme on le voit, le parcours engendre une réciprocité de droits entre deux ou plusieurs communes, droits qui consistent à envoyer paître le bétail sur leurs territoires respectifs, en temps de vaine pâture.

Notre article rejette la possession immémoriale, et il veut un titre, c'est-à-dire une convention primitive entre les communes ou une possession écrite dans une loi ou dans une coutume du pays où le parcours est exercé. A défaut de titre ou dans le silence d'une loi ou d'une coutume locale, une commune réclamerait en vain le droit de parcours, en se fondant sur une possession immémoriale ; mais l'usage du droit de pâture vive ou grasse est attributif de la propriété par le moyen de la prescription. (Cass., 17 juillet 1827.)

Continuera provisoirement d'avoir lieu.

Ces termes font ressortir clairement la pensée du législateur ; il veut abolir le parcours et il le déclare à la fin de l'article 2. Cependant, il conçoit qu'il ne peut bouleverser en un instant les habitudes invétérées des cultivateurs, et alors il consent à ce que le parcours continue d'avoir lieu, mais provisoirement seulement, et encore il met des entraves à ce provisoire : il exige 1° un titre ou une possession légale : 2° la conformation de l'exercice du parcours à certaines restrictions qu'il détermine. En présence de conditions aussi sévères et de précautions qui révèlent tant de défiance, on peut dire que le parcours existe dans notre droit, moins comme un principe que comme une exception et un abus tolérés, parce que le temps l'a consacré. (MM. Dalloz, (*Répertoire général de jurisprudence.*)

ART. 3.

Le droit de *vaine pâture* dans une paroisse, accompagné ou non de la servitude du parcours, ne pourra exister que dans les lieux où il est fondé sur un titre particulier, ou autorisé par la loi ou par un usage local immémorial, et à la charge que la vaine pâture n'y sera exercée que conformément aux règles et usages locaux qui ne contrarieront point les réserves portées dans les articles suivants de la présente section.

Par ces mots : *vaine pâture,* on entend le pâturage commun aux habitants d'une même commune, d'une section de commune ou d'un village, exercé sur les terres de ces localités. Ainsi la différence légale entre le parcours et la vaine pâture est facile à saisir : l'un s'exerce sur plusieurs communes, au profit de tous les habitants, réciproquement obligés à souffrir cette espèce de servitude ; l'autre n'a lieu que sur une paroisse ou commune par les habitants mêmes de cette commune. Il résulte de là que la vaine pâture peut exister sans le parcours, mais que le parcours ne peut pas exister sans la vaine pâture.

On donne le nom de vaine pâture à celle qui porte sur les fonds en jachères ou dépouillés de leurs fruits, sur les friches, sur les terres qui, à raison de leur infertilité, ont été abandonnées sans culture de la part des propriétaires; elle se compose donc de tous produits des champs que le propriétaire n'a pas voulu enlever et que les bestiaux peuvent encore manger. Tels sont l'herbe des chemins, l'herbe des champs, prés et prairies à la suite de la dernière récolte, l'herbe des guérets, des buissons et généralement tout pâturage existant sur les héritages où il n'y a ni semence ni fruit.

Quelle est l'origine du parcours et de la vaine pâture? MM. Dalloz la font remonter à une époque très-ancienne. Il est probable, disent-ils, que les troupeaux des peuples pasteurs, errant incessamment de contrée en contrée sous la garde de leurs conducteurs, cherchaient

2*

leur nourriture partout où la terre leur offrait le tribut de ses productions naturelles. Dans les premiers siècles de la monarchie française, on ne rencontrait dans les champs ni bornes ni clôtures; il y avait d'ailleurs, dans la Gaule surtout, beaucoup plus de forêts que de terres labourables; mais bientôt les habitants s'agglomérèrent dans les bourgs et villages, la commune apparut et se trouva tout d'abord en opposition et même en lutte avec la féodalité. Les habitants de ces bourgades naissantes, qui composent aujourd'hui le peuple français, avaient à se défendre et à défendre leurs bestiaux, qui formaient toute leur fortune, et contre les bêtes féroces dont les forêts étaient peuplées, et contre les voleurs et les agents du régime féodal, aussi dangereux que les bêtes fauves. Cette nécessité de la défense a dû faire naître la pensée de réunir les troupeaux et de les placer sous la garde d'un pâtre commun. En effet, il était facile d'enlever une vache et quelques moutons gardés par une femme et quelques enfants; mais quand le troupeau était réuni en masse et surveillé par un berger et ses chiens, et qu'en cas de méfait sur le troupeau commun, on avait à lutter contre l'autorité municipale, quelque peu développée qu'elle fut encore, il y avait là une force que l'on n'osait pas affronter, parce qu'alors on s'attaquait à une commune entière. En outre, les limites des bourgs et communes n'étaient pas plus déterminées que les propriétés particulières; les cultivateurs étaient exposés à des procès avec les habitants des communes voisines et surtout avec le seigneur sur les propriétés duquel les troupeaux se transportaient. Le mélange de ces divers territoires enclavés les uns dans les autres rendait indispensable une espèce d'association entre les communes qui trouvaient par là le moyen de se protéger mutuellement contre les forces qui luttaient contre elles. De là est née cette liberté de pâturage auquel on a donné le nom de droit de parcours et de vaine pâture.

Voilà, selon MM. Dalloz, les raisons diverses d'où est résulté le droit dont il s'agit.

On peut ajouter que le parcellaire des propriétés privées est tel qu'il serait presque impossible à chaque habitant de mettre en pâturage ses terres séparées et d'y garder ses bestiaux, sans que cette mesure ne fût pour lui une charge onéreuse; les habitants se sont donc trouvés forcément associés dans la jouissance des terres vaines et vagues, et la loi, réglant les conditions de cette société, qui ressort de la nature des choses, a pu faire de la vaine pâture un droit coutumier, modifié suivant l'exigence des diverses localités. En résumé, nécessité de la défense, lutte contre la féodalité, par suite association tacite entre les communes naissantes, telle est l'origine du parcours et de la vaine pâture.

On a agité la question de savoir si le parcours et la vaine pâture étaient utiles et s'ils devaient être conservés.

Les uns se sont prononcés pour la négative. Ils ont dit : la faculté du parcours présente des obstacles insurmontables à la destruction des jachères, si importante pour l'agriculture ; elle empêche de former des prairies artificielles qui, en raison de l'existence du parcours, resteraient exposées aux ravages des bestiaux. C'est cet usage qui propage et perpétue les épizooties, tellement que pour les arrêter, on commence toujours par supprimer le parcours, la vaine pâture, et par cantonner les bestiaux. D'ailleurs, la liberté de mener les bestiaux sur tous les champs est une atteinte à la propriété. Depuis longtemps plusieurs communes s'en sont affranchies elles-mêmes par des conventions entre elles; d'autres ne l'ont pas fait, par crainte, ou rebutées par les difficultés ; mais les inconvénients de la vaine pâture ont été également sentis partout. Avant la Révolution, des édits des rois avaient aboli le parcours et la vaine pâture dans beaucoup de provinces du royaume, sur la demande même de ces provinces, entre autres dans la Champagne. (Edits de 1769, 1771.)

A cela la commission consultative de Douai, pour la rédaction du nouveau Code rural, a répondu : La suppression absolue du parcours serait, dans le nord de la France, beaucoup plus nuisible qu'utile à l'agriculture. Dans ces contrées où les propriétés sont très-divisées, si la vaine pâture est absolument interdite, il faudra défendre aux troupeaux de chaque propriétaire ou fermier l'accès même de ses terres après chaque récolte, et de ses prairies artificielles après les différentes coupes; ou bien il faudra des surveillants pour empêcher que ces bestiaux, en traversant les champs d'autrui, n'en mangent l'herbe. Dans l'un et l'autre cas, il deviendra impossible d'élever des moutons que la vaine pâture nourrit à peu près trois mois de l'année. En peu de temps le nombre de ces animaux serait diminué, le prix des laines augmenté de moitié et la terre privée de l'un des meilleurs engrais. La vaine pâture doit donc être permise sur les chemins, sur les terres incultes, pour tous les bestiaux ; sur les jachères et autres terres annuellement cultivées, pour les vaches et moutons seulement, et vingt-quatre heures après l'enlèvement de chaque récolte. Aucun de ceux à qui ce droit serait accordé ne pourrait le céder, mais dans aucun temps la vaine pâture ne pourrait être permise sur les terrains clos, sur les terrains ensemencés ou plantés, et sur les prairies naturelles et artificielles.

Maintenant quels sont les caractères légaux du parcours et de la vaine pâture ? La loi que nous étudions reconnaît une servitude dans le parcours, et le Code Napoléon l'a rangé dans la classe des servitudes établies par la loi, qui ont pour objet l'utilité publique et communale. Cependant, d'après les idées du droit moderne, il n'y a pas de servitude là où il n'y a pas un héritage dominant ou servant, et aucun des biens soumis au parcours n'est assujetti plus que l'autre. Aussi, au mot *servitude*, employé dans l'article 2 de la présente section, est ajoutée l'expression *réciproque* ; c'est donc là plutôt une association de pâturage, après les récoltes enlevées, qu'une servitude véritable. En effet, la servitude, telle qu'elle est définie par la loi, affecte le fonds sur lequel elle frappe ; elle en altère la valeur dans les mains du propriétaire, tandis que la servitude réciproque de parcours est une servitude territoriale qui ne s'attache pas au fonds, qui ne donne à la commune qui l'exerce aucun droit sur les terrains parcourus, qui restent libres entre les mains de leurs propriétaires, qui peuvent en changer la culture à leur gré, y bâtir, les clore. Il faut donc, disent MM. Dalloz, que nous aimons à citer, qu'il soit bien entendu que les communes sur lesquelles la vaine pâture a lieu, à titre réciproque, concèdent moins un droit qu'une faculté de jouissance et une participation à l'exercice de la vaine pâture, et que cette association, née des besoins sociaux de l'époque, est étrangère aux véritables principes des servitudes. En définitive, dans le parcours réciproque de commune à commune, il y a tout à la fois un droit actif et passif, qui lui enlève ce qui constitue la servitude, puisque chaque héritage est tour à tour et même à chaque instant héritage dominant et servant, ce qui fait qu'il n'est ni l'un ni l'autre.

Ces principes ont été consacrés par plusieurs arrêts de la cour suprême ; elle a décidé que le parcours et la vaine pâture sont une société et communauté de pâturages modifiant le droit de propriété et dont les héritages grevés de cette servitude ne peuvent être affranchis que par la clôture ; que, par suite, les propriétaires de ces terres ne peuvent y faire pacager exclusivement leurs bestiaux que lorsqu'elles sont closes.

Le législateur, dans l'article 5 que nous expliquons, ne se sert pas du mot *aboli* ni du mot *provisoire*, quant à la vaine pâture, comme pour le parcours. Il a pensé, sans doute, qu'entre les habitants d'une même commune, il y avait des nécessités de position, des enclaves indispensables et des rapports si fréquents que la supression de la vaine pâture donnerait lieu à plus de difficultés et de procès que sa conservation nécessiterait de dommages. Toutefois, les précautions qu'il prend pour empêcher toute extension de la vaine pâture révèle son peu de sympathie pour cette antique coutume. Aussi il déclare qu'elle ne pourra exister que 1° si elle est autorisée par une loi ou par un usage local immémorial; 2° si elle est fondée sur un titre particulier; 3° et qu'elle ne doit être exercée que conformément aux usages locaux qui ne contrarieront point les restrictions et réserves contenues dans les articles suivants de la même section.

Le droit de vaine pâture et de parcours ne doit pas être confondu avec les droits de pâturage qui s'exercent en vertu du titre qui les constitue. Ceux-ci n'ont pas le caractère de réciprocité ni l'étendue du droit de parcours et de vaine pâture. Ils peuvent être concédés aussi bien à une commune qu'à un simple particulier, et si la commune concessionnaire réclamait le parcours sur le territoire d'une autre commune, non à titre réciproque, mais à titre privatif, et en vertu d'un ancien titre, l'abolition du droit réciproque par les édits ne pourrait faire obstacle à sa réclamation. Ainsi, il a été jugé que l'édit du mois de mars 1769, qui a aboli dans la province de Champagne le droit réciproque de parcours de paroisse à paroisse, n'est pas applicable au cas où une commune réclame un droit de vaine pâture sur le territoire d'une autre commune, à titre privatif et sans réciprocité. (Cass., 18 juin 1840.)

Le droit de faire paître les secondes herbes dans un pré clos et fermé, où les bestiaux s'étaient introduits par des ouvertures ou trouées pratiquées à la clôture et tenues fermées à l'aide d'un barrage pendant le temps du pâturage, constitue non un droit de vaine pâture aboli par le décret du 6 octobre 1791, mais une servitude de pacage qu'il a respectée, quoique cette servitude ne fut acquise que par une possession immémoriale. (Cass. 20 décembre 1840).

Le même arrêt a décidé que cette servitude de pacage pouvait s'acquérir sans titre avant la loi de 1791, et notamment par la possession immémoriale.

A cet égard, Proudhon (usufruit) déclare que celui qui aurait joui pendant trente ans de la faculté de faire paître ses bestiaux dans le clos d'un autre, après la récolte des fruits, devrait être admis à en faire les preuves par témoins et à exiger sa maintenue dans son droit d'usage, encore qu'il n'en représentât pas de titre, attendu que, du moment que la clôture affranchit du droit de simple vaine pâture, il faut tenir pour constant que le droit de pâturage dont elle n'affranchit point n'est pas une simple vaine pâture ; qu'ainsi la possession qui serait, dans l'espèce, alléguée par l'usager, porterait directement sur une servitude proprement dite ; et comme le pâturage exercé dans un clos dont il faut ouvrir la barrière pour y introduire des bestiaux étrangers n'est certainement pas une chose de pure faculté ou de simple tolérance, soit par rapport à la répugnance qu'il y aurait à le supporter s'il n'était pas dû, soit par rapport à l'importance des émoluments qui pourraient en être l'objet, il en résulte que le droit dont il s'agit serait très-susceptible d'être acquis par la prescription.

Il en est de même et à bien plus forte raison du droit de pacage dans une pâture vive ou grasse ; il est de sa nature prescriptible et peut être l'objet d'une action possessoire. (Cass., 6 janvier 1652, MM. Jay et Beaume, *Traité de la Vaine Pâture et du Parcours*.)

Les habitants d'une commune ne peuvent réclamer individuellement le droit de vaine pâture dû à la commune ; c'est au maire seul qu'il appartient d'intenter une action en justice contre un habitant qui envoie à la vaine pâture une espèce de bétail dont on prétend que les règlements défendent l'introduction dans le pâturage. (Cass. 2 janvier 1811, 30 mars 1835).

Un propriétaire ne peut faire pâturer ses moutons sur ses propres prairies pendant le temps que l'usage local les réserve aux vaches et et autres bestiaux, à l'exclusion des moutons. (*Id.* 30 brumaire an XIII.)

De même les défenses faites par l'arrêté d'un maire de conduire les bestiaux à la vaine pâture dans les prairies doivent être observées, si d'ailleurs ces défenses sont conformes aux anciens règlements sur cette matière. (*Id.* 21 avril 1827.)

L'autorité municipale a également le droit de défendre d'envoyer paître les oies dans les champs sujets au parcours des bestiaux, et de mener les bêtes à laine et les oies dans les prés et les vignes. L'infraction à un semblable arrêté donne lieu à l'application des peines de simple police. (*Id.* 18 octobre 1821, 21 mars 1836.)

L'article 3 qui nous occupe ne s'oppose pas à l'usage local qui, embrassant tout le territoire, le divise en cantonnements partiels pour la plus grande utilité et les besoins réciproques de tous ; au contraire, le partage du territoire de la commune trouve son application naturelle dans le principe même du droit de vaine pâture qui, de l'avis de tout le monde, a eu pour origine l'association des habitants. Ceux-ci ont bien pu s'entendre, tantôt pour ne faire qu'un seul tout du partage commun lorsque la paroisse était agglomérée sur un seul point, tantôt pour se faire des cantonnements séparés lorsque la commune se trouvait divisée en habitations éparses et éloignées les unes des autres.

Ces principes ont été consacrés par la cour de Nancy suivant un arrêt en date du 9 février 1849.

Lorsque la vaine pâture s'est exercée d'une manière abusive et préjudiciable aux propriétaires des héritages sur lesquels elle a lieu, ceux-ci ont-ils un recours contre l'auteur du dommage ?

Deux arrêts de la cour de cassation, en dates des 10 février 1845 et 9 février 1849, ont décidé, le 1er, que l'exercice de la vaine pâture ne s'étend pas jusqu'à permettre aux habitants de détruire ou même de détériorer les propriétés qui y sont soumises, et le 2me, qu'il y a abus de jouissance, lorsqu'un usager a envoyé ses bestiaux dans une prairie qui est également assujettie à cette servitude, alors que le sol de cette prairie, encore ramolli par les inondations, n'était pas assez ferme pour résister au piétinement des bêtes, ce qui avait endommagé la prairie, et que les propriétaires ont le droit de réclamer des dommages-intérêts contre l'auteur du dégât.

Nous applaudissons à ces décisions souveraines ; en les faisant connaître nous avons l'espoir que les pâtres et les bergers de certaines contrées seront plus scrupuleux dans la garde de leurs troupeaux et qu'il n'abuseront plus de l'usage du parcours et de la vaine pâture, en les faisant passer, par exemple, par masses compactes et serrées, pendant les temps de pluies et d'orages, sur les terres labourées et autres de manière à y causer des dégâts considérables.

Art. 4.

Le droit de clore et de déclore ses héritages résulte essentiellement de celui de propriété, et ne peut être contesté à aucun propriétaire. L'Assemblée nationale abroge toutes les lois et coutumes qui peuvent contrarier ce droit.

Le droit de clore et de déclore...

On comprend difficilement aujourd'hui qu'il ait été nécesaire de proclamer un principe comme celui-là ; car la conservation de la chose et sa jouissance paisible sont naturellement les attributs du droit de propriété. Cependant, en remontant aux temps qui ont précédé la Révolution, on retrouve les causes qui ont forcé le législateur à consacrer par une disposition formelle ce principe d'éternelle équité (1).

Les auteurs du Code Napoléon n'ont pas cru qu'il fut inutile de reproduire le même principe dans son article 647 ainsi conçu : Tout « propriétaire peut clore son héritage, sauf l'exception portée en « l'article 682. »

Ce dernier article prévoit le cas où les fonds sont enclavés et n'ont aucune issue sur la voie publique, et autorise le propriétaire de ces fonds à exiger du voisin, moyennant indemnité, un passage pour leur exploitation.

Si un titre imposait comme servitude à un propriétaire voisin l'obligation de laisser un passage libre pour l'exploitation du fonds appartenant à un autre propriétaire, le premier ne pourrait clore cette partie du fonds, quand bien même il offrirait une clef au voisin pour passer. La servitude ayant été consentie pour être exécutée librement, forcer le propriétaire auquel elle est due à se servir d'une clef pour ouvrir une porte ou des barrières, ce serait le priver du droit d'exercer la servitude conformément au titre. (M. Rogron.)

Le propriétaire peut se soustraire à la vaine pâture en mettant sa propriété en état de clôture ; mais ce fait ne détruit pas la servitude légale ; car, si ce propriétaire venait à se déclore, la servitude renaîtrait à l'instant. Elle n'est donc pas détruite, l'exercice en est seulement suspendu pendant la clôture. Il faut donc reconnaître que

(1) Voyez l'introduction.

a vaine pâture continue d'exister en vertu des lois et coutumes qu l'autorisent et qu'elle subsiste encore comme servitude légale, quoique la loi ait permis la clôture des propriétés. (MM, Dalloz),

Du reste, le droit de parcours et de vaine pâture n'a pas toujours le caractère de servitude légale ; il n'a ce caractère que quand il dérive de la coutume ou du statut local ; mais, quand la servitude est fondée sur un titre, elle devient une servitude conventionnelle, et, dans les pays où qu'elle a lieu sans titre et sans loi, elle ne constitue qu'une simple faculté, un acte de pure tolérance. Il en était ainsi dans les pays de droit écrit. Dans ces pays, ainsi que dans ceux où la coutume est muette sur le droit de parcours et de vaine pâture, ce droit, n'étant admis que par l'usage et non par la loi, rentre dans les règles du droit commun, en ce sens qu'il n'en ressort pas un véritable droit. La vaine pâture soufferte par simple tolérance ne produit donc pas un droit de servitude et encore moins de propriété, quelque longue qu'en ait été la possession. (Proudhon.)

Dans les pays où la vaine pâture a lieu sur les prés après la première coupe, les propriétaires ne peuvent mettre ces prés en réserve pour en retirer du regain, si ce n'est du consentement des deux communautés ou en faisant clore leurs propriétés. (Denizart, Fournel, *Lois rurales*, Merlin.)

L'article 4 que nous expliquons abroge toutes les lois et coutumes et garde le silence sur les titres, par la raison que la loi ne peut rétroagir et annuler les contrats consentis de bonne foi. D'ailleurs ce n'est point un oubli, puisque dans les articles 2 et 5 il est dit que la servitude continuera d'avoir lieu si elle est fondée sur un titre particulier. On objectera peut-être que le droit de se clore est essentiel à la propriété, ce à quoi MM. Dalloz répondent que le respect pour les conventions est encore plus essentiel à l'ordre social, qui serait gravement compromis si la loi pouvait détruire par sa seule volonté tous les contrats antérieurs à sa promulgation.

Art. 5.

Le droit de parcours et le droit simple de vaine pâture ne pourront, en aucun cas, empêcher les propriétaires de clore leurs héritages; et tout le temps qu'un héritage sera clos de la manière qui sera déterminée par l'article suivant, il ne pourra être assujetti ni à l'un ni à l'autre droit ci-dessus.

La clôture affranchit la propriété de la servitude de la vaine pâture ; elle la garantit contre toute anticipation; elle donne au propriétaire du terrain qu'elle environne la faculté de chasser en tout temps sur ce terrain ; enfin elle prévient les dommages, les vols et les larcins sur les récoltes qu'elle renferme en augmentant les obstacles et la difficulté de ces attentats et les peines encourues par ceux qui s'y sont livrés.

Notre article ne s'occupe que du parcours et de la vaine pâture en général; mais, ainsi que nous le verrons, l'article 7 fera une exception au droit de se clore pour la vaine pâture fondée sur un titre. Il est inutile de faire observer qu'il en est de même de la vive pâture ou pâture grasse, laquelle étant un démembrement de la propriété met évidemment obstacle au droit de clore l'héritage qui en est grevé.

Il y a une grande différence, dit M. Rogron, reproduisant ainsi l'opinion de Proudhon, entre la vaine pâture fondée sur la simple possession et la vaine pâture appuyée sur un titre La première repose sur une simple tolérance de la part du propriétaire du fonds duquel la vaine pâture s'exerce; l'autre est véritablement un droit d'usage, une servitude réelle, un démembrement de la propriété que le propriétaire du fonds asservi ne peut enlever à son gré en exerçant son droit de clôture. Cette distinction fait parfaitement sentir la raison pour laquelle la loi déclare ici que l'exercice du droit de clôture enlève le droit de vaine pâture, fondée uniquement sur la possession Une simple faculté, en effet, ne peut empêcher l'exercice d'un droit inhérent à la propriété, tel que celui de se clore.

Il en est de même du droit des secondes herbes, qui est un droit de vaine pâture seulement, et qui ne peut empêcher le propriétaire de se clore. (Cours de Poitiers, 18 janvier 1835; Riom, 30 décembre 1830; Cass., 8 mai 1828.)

Bien que notre article déclare que le parcours et la vaine pâture ne pourront, dans aucun cas, empêcher la clôture, il est évident qu'il n'est question ici que des cas résultant des lois et coutumes.

Une propriété, close avant 1791 et affranchie alors du droit de vaine pâture par le fait même de la clôture, est-elle exempte de cette servitude si elle a été déclose depuis? Non, car la vaine pâture, dans les pays où elle existe, à quelque titre que ce soit, doit être exercée dans toute propriété non close. (Cass., 14 novembre 1859.)

Art. 6.

L'héritage sera réputé clos, lorsqu'il sera entouré d'un mur de quatre pieds de hauteur, avec barrière ou porte, ou lorsqu'il sera exactement fermé et entouré de palissades ou de treillages, ou d'une haie vive, ou d'une haie sèche, faite avec des pieux ou cordelée avec des branches, ou de toute autre manière de faire les haies en usage dans chaque localité, ou enfin d'un fossé de quatre pieds de large au moins à l'ouverture, et de deux pieds de profondeur.

Il faut bien faire attention à ces divers modes de clôture, parce que, selon qu'on les aura suivis ou non, on sera assujetti aux obligations qui résultent de ce que les fonds ne sont pas clos pour le parcours ou la vaine pâture. Ces modes de clôture indiqués ici sont différents de ceux mentionnés en l'art. 391 du Code pénal; mais, comme chacun de ces articles statue pour un ordre de choses tout à fait distinct, et que le législateur n'a pas déclaré que l'art. 391 du Code pénal abrogeait l'art. 6 de la loi de 1791, il s'ensuit que ce dernier article n'a pas cessé d'être en vigueur pour les matières qu'il concerne. (M. Rogron.)

Proudhon dit que lorsqu'un propriétaire a clos son héritage pour l'affranchir du droit de parcours ou de celui de vaine pâture, l'état de défense de l'héritage peut, d'après les circonstances, être considéré comme ayant cessé par suite du défaut d'entretien et du mauvais état de la clôture.

Quelle est la hauteur obligée d'une haie vive plantée autour d'un héritage pour le soustraire à la vaine pâture?

Suffirait-il que cette haie ne sortît de terre que de six pouces?

Telles sont les questions qu'examinent MM. Jay et Beaume dans leur *Traité de la vaine pâture et du parcours*.

Un particulier, disent-ils, a planté autour de son pré une haie vive dont la hauteur, sortant de terre, n'est que de six pouces; il prétend qu'une pareille clôture est suffisante pour affranchir son héritage de la vaine pâture.

Les autres habitants soutiennent que cette haie n'est pas *défensive*, qu'elle n'oppose par elle-même aucun obstacle à l'accès du bétail, et que, dès lors, elle ne doit pas être respectée; ils ajoutent qu'elle ne pourrait l'être qu'autant qu'elle serait accompagnée soit d'un fossé de quatre pieds, soit d'une haie sèche pour la garantir, et encore faudrait-il que cette haie sèche fut assez forte et assez haute pour ne pouvoir être franchie par le bétail; en un mot, que, dans le sens de la loi de 1791, on ne peut regarder comme *clôture que celle qui offre assez de résistance pour défendre par elle seule l'entrée du troupeau dans la prairie.*

A cela le propriétaire de l'héritage réplique : la loi de 1791, en parlant d'une haie vive, n'en a déterminé ni la *forme*, ni la *hauteur*. Il suffit qu'elle soit apparente à l'œil du pâtre, pour qu'on doive considérer le pré comme légalement clos.

D'ailleurs, dit-il, vous n'avez pas le droit de laisser manger ou fouler par les bestiaux la jeune haie, quelque faible qu'elle soit, ne fît-elle que sortir de terre. Et si vous pénétrez dans mon pré, vous foulez ma haie. Dès lors, pour ce seul fait, vous devriez des dommages-intérêts.

Les mêmes auteurs pensent que la loi a voulu que l'intention du propriétaire de clore son héritage fut manifeste et formelle. Dans les signes de clôture qu'elle indique, il ne s'agit pas tant d'obstacles infranchissables que des preuves de l'intention d'enlever la partie close tout entière à la jouissance commune.

Mais il a été décidé que lorsqu'un propriétaire, après avoir fauché la première herbe de son pré, en a laissé autour une lisière d'environ deux mètres de largeur, pour se soustraire par cette espèce de clôture à l'usage de la vaine pâture, cet héritage n'était pas réputé clos par la portion d'herbe laissée sur pied à la circonférence; qu'en conséquence il était permis d'y mener paître le troupeau de la commune. (Cass., 29 mars 1841.

Le propriétaire qui veut se clore par un fossé, peut-il l'établir sans

laisser aucune distance entre la berge du fossé et la propriété voisine ?
En d'autres termes, a-t-il le droit de se clore par un fossé qui s'étende
jusqu'à la limite extrême de sa propriété ?

L'article 13 du règlement de 1751 obligeait celui qui faisait creu-
ser un fossé sur son fonds à laisser du côté du terrain voisin et au
delà du creux de ce fossé un pied et demi de répare ou réparation ;
et si la terre voisine était en labour, il était tenu de laisser deux pieds
de réparation au delà du creux, pour empêcher les terres de s'ébouler.
Toullier dit que celui qui fait un fossé est obligé de laisser un espace
suffisant entre le bord du fossé et l'héritage du voisin. Pardessus
estime qu'à cet égard les usages locaux doivent encore être suivis.
M. Demolombe est du même avis. M. Duranton déclare que celui qui
creuse un fossé doit laisser l'espace nécessaire, selon la disposition des
lieux, pour que le voisin n'ait point à craindre d'éboulement. MM. Pail-
let, Daviel, Demante, Ducaurroy, Bonnier et Roustain adoptent cette
opinion.

La jurisprudence est conforme à l'opinion de ces auteurs. Il a été
jugé : 1° que l'usage étant, en Normandie, que le propriétaire d'un
fossé devait laisser deux pieds au delà du creux pour la berge ou répare
de ce fossé, la présomption est, s'il n'y a titre ou preuve contraire, que
le propriétaire du fossé est aussi le propriétaire de la répare (Caen,
14 juillet 1825) ; 2° que d'après l'usage généralement suivi en France,
et notamment dans l'ancienne province de Bourgogne, imposant, à celui
qui ouvre un fossé pour se clore, l'obligation de laisser un pied de
terrain entre la ligne séparative des deux héritages et le bord du fossé,
le propriétaire d'un fossé doit, jusqu'à preuve contraire, être présumé
propriétaire, au delà du bord extérieur, d'un pied ou 55 centimètres
de terrain, et cette présomption continue d'exister, encore bien que le
fossé ait été creusé à une époque où les deux héritages qu'il sépare
appartenaie‘ au même propriétaire. (Dijon, 22 juillet 1836.)

A ces autorités, nous devons ajouter celle de Fournel (*Traité du
voisinage*). Celui qui veut, dit-il, faire un fossé séparatif, doit en
prendre toute la largeur sur son héritage ; et comme, nonobstant
cette précaution, il nuirait encore au voisin si le bord du fossé com-
mençait précisément à la ligne de démarcation, parce que insensible-
ment la terre de l'héritage voisin s'ébouleroit dans le fossé, la largeur
du talus de la berge du côté voisin doit être proportionnée à la profondeur du fossé, suivant la nature du terrain, de manière que le talus

soit suffisant pour empêcher que la berge ne s'éboule et qu'il reste toujours un pied au delà, entre le talus et l'héritage du voisin. Si, sur cet espace ultérieur, il croît quelques bois ou épines, le propriétaire du fossé a le droit de les couper, à la charge néanmoins de rester debout dans son fossé en faisant cette coupe, et de ne se servir que d'une serpette bûcheresse, c'est ce qu'on appelle *bucher à la volée de la serpe.*

Si, parmi les prairies naturelles ou les terres assujetties à la vaine pâture, il se trouve un héritage que l'on ait voulu affranchir de cette servitude à l'aide d'une clôture, et que, par suite du mauvais état ou de l'insuffisance de la clôture, des bestiaux qui paissent sur les champs voisins viennent à s'y introduire, le propriétaire de l'héritage imparfaitement clos n'a aucune action contre ceux à qui appartiennent les bestiaux, et le pacage effectué par ces animaux ne peut donner lieu ni à l'application de l'art. 42, titre II du Code rural, combiné avec l'art. 2 de la loi du 23 thermidor an IV, ni à celle de l'art. 479, n° 10 du Code pénal, par la raison que la propriété mal close reste soumise à la vaine pâture.

Si, au contraire, ce sont les bestiaux parqués dans le prétendu enclos qui s'introduisent dans les propriétés voisines et se mettent à y pacager sans que leur maître y ait un droit de vaine pâture, celui-ci devient passible, selon les circonstances, ou de l'une des peines édictées par la loi de l'an IV (une amende de la valeur de trois journées de travail ou trois jours de prison), comme ayant commis la contravention prévue par l'art 42, titre II du Code rural, ou celle que prononce l'art. 479, n° 10 du Code pénal (Vuatiné).

Art. 7.

La clôture affranchira de même du droit de vaine pâture réciproque ou non réciproque entre particuliers, si ce droit n'est pas fondé sur un titre.

Toutes lois et tous usages contraires sont abolis.

Dans le silence de la loi sur la nature des titres en vertu desquels s'exercent le parcours et la vaine pâture, il a été jugé que, suivant les principes généraux du droit, les titres dont parle notre article, pour être obligatoires, doivent être contradictoires avec ceux auxquels on les oppose, ou avec leurs auteurs. Rennes, 17 mai 1812.)

En cas de contestation sur le point de savoir si le droit de parcours est fondé sur un titre, le tribunal de police doit surseoir jusqu'à ce que le tribunal civil ait décidé. (Cass , 9 mars 1821.)

Il n'y a pas délit rural de la part de celui qui fait paître ses troupeaux dans un fonds précédemment soumis à la vaine pâture et mis depuis en état de clôture, si son droit de parcours repose sur un titre. Comme dans l'hypothèse précédente, le tribunal de police doit surseoir jusqu'après la décision du tribunal civil. (Cass., 20 novembre 1825.)

Art. 8.

Entre particuliers, tout droit de vaine pâture fondé sur un titre, même dans les bois, sera rachetable, à dire d'experts, suivant l'avantage que pourrait en retirer celui qui avait ce droit, s'il n'était pas réciproque, ou eu égard au désavantage qu'un des propriétaires aurait à perdre la réciprocité, si elle existait ; le tout sans préjudice au droit de cantonnement, tant pour les particuliers que pour les communautés, confirmé par l'art. 8 du décret des 17, 19 et 20 septembre 1790.

Si nous comprenons bien le sens de cet article, le rachat du droit de vaine pâture, fondé sur un titre, ne peut avoir lieu qu'entre particuliers ; mais si ce même droit appartient à l'universalité des habitants d'une commune, le propriétaire du fonds sur lequel il s'exerce ne peut le racheter, c'est-à-dire demander qu'il en soit affranchi en payant aux usagers l'équivalent de l'avantage que leur procure le droit qu'il supporte. Dans ce cas, la dernière partie de notre article n'autorise la réduction de la servitude de vaine pâture résultant d'un titre que par la voie du cantonnement. Or, le cantonnement a pour effet de distraire, au profit de l'usager, une partie en toute propriété de l'héritage affecté à son droit, laquelle partie représentera à l'avenir les droits d'usage qu'il exerçait sur la totalité de ce fonds.

Remarquons toutefois que, depuis la promulgation du Code forestier, le principe posé par la dernière disposition de l'art. 8 que nous expliquons n'est plus applicable au droit de vaine pâture dû à des communes dans les bois et forêts, car l'art. 64 de ce Code déclare formellement que les droits d'u age, de pâturage, etc., ne pourront être convertis en cantonnement ; mais qu'ils pourront être racheté moyennant des indemnités réglées de gré à gré, ou, en cas de contestation, par les tribunaux.

Seulement il est fait une exception à la faculté de rachat en faveur des habitants, pour lesquels le droit de pâturage est devenu d'une nécessité absolue.

La modification à l'art 8 de la loi de 1791 ne concernant que le pâturage dans les bois et forêts, le droit de demander le cantonnement entre particuliers continue de subsister quant à la vaine pâture sur les terres et les prairies ; mais le propriétaire peut s'y soustraire en proposant de racheter la servitude de vaine pâture.

Cette servitude est-elle rachetable lorsqu'elle existe sur un fonds en clos, aussi bien que si elle était due sur un héritage ouvert? Oui, parce que, aux termes de notre article, tout droit de vaine pâture est déclaré rachetable sans aucune distinction. (Cass., 26 janvier 1813).

Il est bien entendu que le droit qui appartient aux usagers de demander le cantonnement pour la vaine pâture dans les champs et les prairies, après la première herbe, n'existe pas lorsque la vaine pâture n'est pas fondée sur un titre, par la raison que cette servitude n'a lieu que par une pure tolérance de la part du propriétaire du fonds sur lequel elle s'exerce, et ne peut donner le droit au cantonnement. (Dijon, 8 mars 1827).

Art. 9.

Dans aucun cas et dans aucun temps, le droit de parcours, ni celui de vaine pâture, ne pourront s'exercer sur les prairies artificielles et ne pourront avoir lieu, sur aucune terre ensemencée ou couverte de quelques productions que ce soit, qu'après la récolte.

La vaine pâture est interdite sur les prairies artificielles et sur les terres ensemencées jusqu'après la récolte. Quant aux prairies naturelles, bien que cette servitude puisse s'y exercer après la coupe de la première herbe, néanmoins le propriétaire conserve le droit de récolter encore la seconde et la troisième herbe, s'il était dans l'usage de le faire, d'après la déclaration des 28 et 30 juin 1790, conçue en ces termes :

« L'Assemblée nationale, instruite que plusieurs personnes, par
» fausse interprétation de ses décrets, prétendent que tous les prés
» indistinctement doivent être soumis à la vaine pâture immédiate-
» ment après la première herbe, déclare qu'elle n'a rien innové aux
» dispositions coutumières, règlements et usages antérieurs relatifs à
» la défense des prés ; en conséquence a décrété ce qui suit : Tous
» propriétaires de prés clos, ou qui, sans être clos, étaient ci-devant
» possédés à deux ou plusieurs herbes, continueront de jouir, con-
» formément aux lois, règlements et usages observés dans chaque lieu,
» du droit de couper et de récolter les secondes, troisièmes et qua-
» trièmes herbes, ainsi qu'ils ont fait par le passé, et il est fait dé-
» fenses à toutes personnes de troubler lesdits propriétaires de prés
» dans leur possession et jouissance, le tout sans rien innover aux
» usages des pays où la vaine pâture n'a pas lieu.

Le droit de parcours et de vaine pâture sur les prairies artificielles, même lorsqu'il est fondé sur un titre ou autorisé par la loi ou un usage immémorial, ne peut être exercé que suivant les règles et usages locaux qui ne sont point contraires aux réserves portées par les articles 4 et suivants du Code rural, et à l'exception établie par l'art. 9 que nous expliquons En effet, un individu avait fait pâturer son troupeau dans une prairie artificielle au mois de février, il a été démontré que l'usage immémorial existant dans sa commune était de mener paître les trou-peaux, même sur les prairies artificielles, depuis le 1er septembre jus-qu'au 1er mars ; cité devant le tribunal de police, il a été renvoyé de l'action qui lui était intentée ; mais le jugement de ce tribunal a été cassé comme contraire aux dispositions de la loi du 6 octobre 1791. (Cass., 4 juillet 1817.)

Il s'est élevé une autre question, celle de savoir si, lorsqu'il y a un titre qui concède en général le droit de vaine pâture, ce droit peut être exercé sur les prairies artificielles. La Cour de Riom a résolu cette ques-tion négativement, attendu que les prairies artificielles sont formel

lement affranchies de l'exercice du parcours et de la vaine pâture, lors
même qu'il est fondé en titre. (Arrêt du 9 août 1838.)

Art. 10.

Partout où les prairies naturelles sont sujettes au
parcours ou à la vaine pâture, ils n'auront lieu provisoirement que dans le temps autorisé par les lois et
coutumes, et jamais tant que la première herbe ne sera
pas récoltée.

Il a été jugé que les habitants des communes grevées de cette servitude pouvaient, sous les coutumes d'Orléans et de Montargis, auxquelles il n'est pas dérogé par le Code rural, faire pacager les bêtes
aumailles et les moutons de boucher dans les prairies naturelles, après
l'enlèvement de la première herbe de chaque partie de pré, sans attendre la dépouille entière de ces prairies. (Cass., 17 décembre 1841.)

D'après les articles 9 et 10 ci-dessus, le législateur ne conçoit et
n'admet le parcours et la vaine pâture qu'après la récolte, quelle qu'elle
soit. Ainsi, si sur un terrain quelconque, pâtis, terres labourables, lan-
des, bruyères ou prairies naturelles, la récolte est opérée, ou si le terrain n'en produit pas d'appréciable à prix d'argent; lorsque, par exemple, le propriétaire n'a jamais récolté de produits en raison de 'eur insuffisance, il n'y a alors qu'une vaine pâture et non une pâture grasse.
Il n'existe qu'une exception à cette règle, en faveur des prairies artificielles, qui, étant toujours en état de produit, présentent une pâture
grasse et où en aucun temps il n'est permis de faire pâturer les bestiaux.
(MM. Dalloz.)

Art. 11.

Le droit dont jouit tout propriétaire de clore ses
héritages a lieu, même par rapport aux prairies, dans
les paroisses où, sous titre de propriété et seulement

par l'usage, elles deviennent communes à tous les habitants, soit immédiatement après la récolte de la première herbe, soit dans tout autre temps déterminé.

Nous avons vu que l'art. 7 interdit la clôture, lorsque le droit de vaine pâture est fondé sur un titre, seulement *entre particuliers ;* mais si le droit est dû par un particulier à une commune en vertu d'un titre, celle-ci peut-elle s'opposer à la clôture de la propriété grévée? Cette question doit être, selon nous, résolue affirmativement. Ces expressions de l'art. 7 : *la clôture affranchira de même*, etc., lient cet article, qui interdit la clôture lorsqu'un titre protège le droit de vaine pâture, avec les articles précédents relatifs au droit de se clore, quand la vaine pâture appartient à une commune; et l'art. 11 que nous expliquons ne permet la clôture aux propriétaires des prairies contre les paroisses qu'autant que les prairies *sans titre de propriété* deviennent communes aux habitants *seulement par l'usage ;* donc le titre met obstacle au droit de se clore, soit que la vaine pâture appartienne à des particuliers, soit qu'elle appartienne aux communes. C'est d'ailleurs ce qui a été décidé par un arrêt de la Cour de cassation, en date du 15 décembre 1808.

La même Cour a jugé : 1° que la loi de 1791 n'a aboli que le droit facultatif de vaine pâture; que les habitants d'une commune, à qui des titres certains conféraient le droit de parcours sur plusieurs prairies, ont pu demander la destruction de la clôture par laquelle le propriétaire des prairies empêchait l'exercice de leur droit; 2° que le propriétaire d'un héritage ne peut se clore au préjudice d'un droit de parcours déclaré acquis à une commune par des jugements antérieurs à la loi de 1791 (arrêt du 13 fructidor an IX) ; 3° que la possession, même immémoriale, ne suffit pas pour acquérir le droit de vaine pâture et qu'il faut un titre (*Id.* 8 mai 1828, 19 juillet 1837; Riom, 3 décembre 1830); 4° que dans un pays où l'exercice de la vaine pâture a été interdit par un règlement ancien, une commune qui a joui pendant plus de trente ans sans trouble, d'un droit absolu aux secondes herbes d'un pré, soit en les faisant pacager par les bestiaux des habitants, soit même en les exploitant pour son compte et en les affermant par adjudication publique, a pu être réputée avoir prescrit un droit de copropriété incommutable, et non pas seulement une servitude de parcours ou de vaine pâture que le propriétaire puisse racheter ou éteindre par la clôture

(Cass., 22 novembre 1841); 5º que le droit de faire vendre tous les ans les secondes herbes d'une prairie, exercé par une commune en vertu d'une possession immémoriale, mais sans titre, ne constitue point en sa faveur un droit de copropriété; que cet usage est présumé dériver d'un droit de vaine pâture concédé primitivement, et qu'ainsi le propriétaire de la prairie a pu l'affranchir de ce droit en la faisant clore, conformément à l'art. 11 qui nous occupe en ce moment (Bruxelles, 19 juillet 1800; Poitiers, 18 juin 1835); 6º que lorsqu'un acte entre deux communes, portant réserve d'un droit de parcours sur certaines propriétés particulières de leurs territoires respectifs, ne constitue pas un titre de servitude réelle de parcours sur les propriétés désignées, mais une concession réciproque de pure faculté de vain pâturage, les propriétaires de ces fonds ont le droit de les soustraire par la clôture à l'exercice de cette faculté, et que par suite, en cas de réduction par ce fait du droit de parcours au préjudice de l'une des communes, celle-ci peut mettre fin à la convention, en renonçant à la faculté réciproque de parcours (Cass., 24 mai 1842); 7º que la conversion des fonds soumis au parcours et à la vaine pâture en prairies artificielles produit les mêmes effets que la clôture, quant à l'affranchissement de ces fonds et au droit qu'a la commune voisine de faire cesser le parcours réciproque, en y renonçant, pour cause de restriction de cette faculté à son préjudice par le fait des propriétaires (même arrêt); 8º que celui qui a sur des prés la jouissance d'un droit de parcours et de pâturage ne peut s'opposer à ce que le propriétaire de ces prés, lorsqu'ils sont vieux et en mauvais état, les fasse défricher, à la seule charge par ce dernier de ne maintenir le défrichement que pendant le temps prescrit par l'usage de la culture (cinq ans) pour les remettre en nature de prés (Paris, 30 mai 1843).

Dans une commune où, d'après un usage constant, les prairies, quoique soumises à la vaine pâture, n'étaient pas assujetties au pâturage des moutons, un individu n'a pu contrevenir à cet usage, même à l'égard des prairies qui lui appartenaient, sans encourir des dommages-intérêts vis-à-vis des autres habitants. (MM. Dalloz.)

Mais alors que le droit de parcours et de vaine pâture n'existe pas dans une commune, n'a-t-on pas néanmoins le droit de conduire les bestiaux dans les prairies naturelles et ouvertes pendant la morte saison et lorsque les prés se trouvent dépouillés de toute récolte? Non, ce serait une atteinte à la propriété et causer un préjudice notable.

Le propriétaire dont les prairies sont soumises à la servitude dont il vient d'être parlé est-il grevé éternellement, de manière qu'il ne puisse même changer la nature de son terrain, par exemple, d'un pré usé faire une terre labourable? Il est admis en principe que le droit de vaine pâture peut être anéanti par suite d'un mode différent d'exploitation. (Cass., 13 mai 1837.)

Art. 12.

Dans les pays de parcours ou de vaine pâture soumis à l'usage du troupeau en commun, tout propriétaire ou fermier pourra renoncer à cette communauté et faire garder, par troupeau séparé, un nombre de têtes de bétail proportionné à l'étendue des terres qu'il exploitera dans la paroisse.

On a agité la question de savoir si deux ou un plus grand nombre de propriétaires ou fermiers peuvent s'entendre pour réunir leurs bêtes et les confier à la garde d'un seul berger, par troupeau séparé du troupeau commun ; deux arrêts de la cour d'Amiens, en date des 4 juillet 1821 et 30 juin 1824, ont consacré l'affirmative, par le motif que notre article 12 ne s'oppose pas à ce que plusieurs individus, qui ne veulent pas envoyer leurs moutons au troupeau communal, les réunissent en troupeau séparé sous la garde d'un seul berger, ce qui ne peut causer de préjudice réel à personne.

M. Lonchamp est du même avis. Il déclare que l'article 12 donnant à chaque habitant le droit de former un troupeau séparé a virtuellement permis que plusieurs se réunissent pour ne faire qu'un seul troupeau, car le moins, dit-il, est toujours renfermé dans le plus.

Mais la cour suprême en a autrement décidé; en effet, elle a jugé que dès qu'un pâtre commun a été nommé et agréé, on doit se conformer à l'arrêté municipal qui l'a choisi, et deux ou plusieurs propriétaires ou fermiers ne peuvent pas s'entendre pour confier à un autre la conduite de leurs troupeaux ; qu'on doit regarder comme obligatoire l'arrêté pris par un maire à l'effet d'empêcher que le droit de parcours ou de vaine pâture ne s'exercent d'une manière contraire à ses prescriptions ; qu'enfin il n'est pas permis à deux ou plusieurs particuliers de former un second troupeau commun, lorsque la loi n'a voulu en autoriser qu'un seul dans chaque localité, afin que l'exercice de la compascuité fût plus avantageuse et de prévenir, dans l'intérêt général, les inconvénients qu'entraine la garde séparée. (Arrêts des 9 février et 5 octobre 1838.)

Or, ces inconvénients sont les suivants : s'il eût été permis à quelques individus d'avoir un pâtre de leur choix, il leur aurait été facile de dissimuler le nombre de leurs bestiaux en les envoyant au troupeau séparé et de s'entendre avec leurs coassociés, qui en auraient eu moins qu'eux pour profiter exclusivement d'un avantage qui doit tourner au profit de tous les habitants.

D'un autre côté, on devait craindre que les rivalités des divers pâtres d'une commune ne fissent naître des querelles entre eux, comme cela avait lieu fréquemment sous l'ancienne législation, et que la surveillance à exercer à leur égard fut moins efficace.

Le législateur, il est vrai, autorise individuellement un propriétaire à avoir un berger séparé ; mais, en agissant ainsi, il n'a eu en vue que les troupeaux des grands propriétaires ou fermiers qui, seuls, peuvent faire cette dépense. C'est une exception puisée non dans le privilége de la fortune, mais bien plutôt dans l'intérêt très-légitime des grandes exploitations, sans lesquelles il n'y a pas de progrès en agriculture. D'ailleurs, s'il était permis à deux propriétaires de se réunir ou de former ensemble un troupeau séparé, pourquoi pas deux autres et un plus grand nombre ? L'exception alors deviendrait la règle et le troupeau communal cesserait d'exister.

Celui qui a mis au troupeau commun et envoyé à la vaine pâture sur le territoire de sa commune un plus grand nombre de bêtes que lui permet d'y envoyer une délibération du conseil municipal est passible des peines portées en l'art. 471, n° 15 du Code pénal, bien que le nombre total des bestiaux conduits à la vaine pâture n'atteigne pas celui que l'universalité des propriétaires ou exploitants pourraient y mener, d'après le nombre d'hectares de terre dont se compose le territoire de la commune ; car, de ce que certains habitants n'usent pas de leurs droits, il ne s'ensuit pas que les autres puissent excéder celui qui leur appartient. (Cass., 12 juin 1828, 23 février 1855.)

ART. 13.

La quantité de bétail, proportionnellement à l'é-
tendue de terrain, sera fixée dans chaque paroisse à
tant de bêtes par arpent, d'après les règlements et
usages locaux; et, à défaut de documents positifs à cet
égard, il y sera pourvu par le conseil général de la
commune (aujourd'hui le conseil municipal.)

En conférant aux propriétaires la liberté d'exploitation, le législateur n'a pas voulu que ce droit dégénérât en licence; aussi a-t-il eu
soin, dans l'article 13 qui nous occupe, de déterminer la quantité de
bétail que le propriétaire ou le fermier pourra envoyer au troupeau
commun, lors qu'il n'a pas fait choix d'un pâtre particulier. Cette
fixation était nécessaire dans l'intérêt de tous les habitants.

A défaut de règlement qui ait fixé la quantité de bétail qu'ils peuvent envoyer à la vaine pâture, les habitants et les non résidants sont
libres, quel que soit leur troupeau, de le mener en entier sur le territoire de la commune où ils possèdent des terres non closes, après l'ouverture de la vaine pâture. (Cass., 13 avril 1855.)

D'après notre article et la loi du 18 juillet 1837, le conseil municipal partage avec le maire, dans la commune, le pouvoir réglemen-
taire en matière de vaine pâture, et le soin d'indiquer le mode d'administration des bien communaux, le mode de jouissance et la répar-
tition des pâturages et fruits appartenant à la commune, enfin les affouages, en se conformant aux lois forestières.

Toutefois, le droit des conseils municipaux n'est absolu qu'en ce qui
concerne les biens des communes. Quant au parcours et à la vaine
pâture sur les terres des particuliers, leur droit est subordonné à celui
des préfets, chargés de rendre exécutoires leurs délibérations, et de
veiller à ce que ces conseils n'outrepassent pas leurs attributions.

Ainsi les conseils municipaux peuvent déterminer le nombre des
animaux admis dans le troupeau commun, prendre des arrêtés pour
défendre l'introduction dans les propriétés communales de certains
bestiaux, par exemple les oies, porcs, qui détruisent ou infectent les

pâturages (Cass. 11 octobre 1821); distribuer aussi les diverses espèces d'animaux sur les différentes parties du territoire, affecter tel cantonnement à la dépaissance des vaches, tel autre à celle des chevaux; interdire certain canton aux moutons dont la dent trop cruelle fait périr la plante qu'elle attaque. (Id. 14 novembre 1834.)

Il en est de même pour les chèvres, dont la morsure est réputée dangereuse pour les arbres et les haies qu'elles broutent et dont elles peuvent atteindre les branches élevées. Une ordonnance de l'intendant de Champagne, du 17 octobre 1733, prescrivit qu'elles ne seraient pas menées aux champs sans être attachées et conduites par une corde.

Par des arrêts de règlement rendus les 23 janvier 1779, 28 décembre 1780, et 30 novembre 1785, le parlement de Paris a interdit le pacage des moutons et brebis dans les prairies autres que celles appartenant aux propriétaires de ces animaux et closes de murs et de haies, par le motif, est-il dit dans l'arrêt de 1785, que les moutons mangent jusqu'à la racine de l'herbe et en détruisent une partie. Ces arrêts de règlement, qui avaient force de loi dans le ressort du parlement de Paris, sont encore en vigueur, conformément à l'art. 484 du Code pénal, ainsi que l'a décidé la Cour de cassation par plusieurs arrêts; et, en cas d'infraction, la peine encourue est celle de l'art 471, n° 15 du Code pénal. (Cass. 9 octobre 1852).

Au maire seul appartient le droit de faire des règlements ayant pour objet le maintien de la sûreté des campagnes, et de prévenir la contagion des épidémies.

Un arrêté municipal ordonne que les propriétaires de troupeaux feront à la mairie la déclaration détaillée des terres qu'ils possèdent, et que cette déclaration sera appuyée des pièces justificatives; cet arrêté est-il légal? oui, attendu que l'autorité municipale a le droit de prendre toute les mesures qu'elle juge nécessaires pour déterminer le droit de chacun à l'exercice de la servitude commune. (Cass. 1er juillet 1859.)

Mais elle ne peut prendre d'arrêté sur l'exercice de la vaine pâture que pour l'exécution des délibérations du conseil municipal auquel a été conféré le pouvoir de réglementer cette matière, ou d'anciens règlements émanés de l'autorité compétente restés en vigueur. (Id. 10 août 1859.)

Un maire avait pris un arrêté portant défense de mener des bestiaux d'aucune espèce sur les propriétés d'autrui sans en avoir obtenu du propriétaire une autorisation par écrit, visée par le maire. On ne pourrait reconnaître à cet arrêté la force obligatoire qui est due aux arrêtés légalement pris dans les attributions du pouvoir municipal, parce que la vaine pâture constitue, entre les habitants des communes où elle a lieu, une société et une communauté tacite de pâture qui a pour conséquence légale et nécessaire la libre participation de tous dans la jouissance des produits de pacage du sol qui y est assujetti ; et que la conservation régulière de cette faculté serait inconciliable avec l'obligation imposée aux habitants de se munir, pour envoyer leurs bestiaux dans les champs assujettis, d'autorisations préalables des divers propriétaires de ces champs et du maire de la commune. (Id. 5 février 1859.)

Il a été jugé que l'arrêté d'un maire, qui avait prescrit que nul propriétaire ne pourrait avoir qu'une bête à laine pour 25 ares 45 centiares, était illégal, attendu que si les dispositions de la loi peuvent modifier la faculté pour chaque propriétaire de faire pâturer exclusivement son troupeau sur ses terres, elles n'apportent aucune dérogation au principe en vertu duquel chaque habitant peut avoir chez lui la quantité de bêtes qui lui convient. (Id., 10 mars 1854.)

Si, en dehors des cas prévus par les lois et reglements spéciaux concernant la pâture ou la dépaissance des bestiaux sur les terrains communaux et autres, les maires n'ont pas autorité pour réglementer les faits de cette nature, il en est différemment lorsque la dépaissance a lieu sur un chemin public, où l'autorité municipale a l'obligation de maintenir la sûreté et la sécurité du passage et de veiller à sa conservation. (Id. 5 mai 1850.)

La loi de 1791 et celle du 18 juillet 1837 laissent aux conseils municipaux toute latitude dans la limitation de la quantité des animaux admis à la vaine pâture, et leur permettent de prendre en considération le plus ou moins d'abondance des pâturages selon les saisons. (Id. 3 mai 1850.)

Ils doivent cependant respecter les titres anciens qui peuvent exister à cet égard, pourvu que ces titres aient conservé leur force d'exécution ; mais si un titre constitutif de la vaine pâture dans une commune est tombé en désuétude, le conseil municipal n'est pas tenu de le consulter pour le règlement de la vaine pâture ; il lui suffit de se conformer à l'usage qui s'est substitué à l'état ancien. (Id. 17 avril 1849.)

3*

Les prairies naturelles étant par leur nature en état de production permanente pendant toutes les saisons, il importe essentiellement que l'administration locale fixe, suivant l'usage ancien, l'époque où commencera et cessera, chaque année, l'exercice du parcours et de la vaine pâture, et le propriétaire ou le fermier des terres non closes qui sont soumises à ce droit est tenu, comme les simples usagers, de se conformer aux arrêtés qui en règlent l'exercice. (Id., 16 décembre 1841, 15 juillet 1843.)

Si un particulier pouvait faire pâturer ses propriétés non closes avant l'ouverture du parcours, il en résulterait qu'il jouirait d'un double avantage en faisant pâturer encore celles des autres, sans rien livrer à la vaine pâture. Il ne peut avoir droit sur les propriétés de ses voisins qu'autant qu'il leur accorde la réciprocité.

Un conseil municipal avait ordonné que les fonds du territoire de sa commune, sujet à la vaine pâture, seraient exempts de cette servitude, et un arrêté du maire avait été pris pour assurer l'exécution de sa délibération : cet arrêté n'était pas obligatoire, car il n'appartenait point au conseil municipal de restreindre ou d'empêcher l'effet de la servitude de vaine pâture, comme il l'avait fait par sa délibération, puisqu'il n'est chargé par notre art. 13 que de fixer le nombre des bêtes que chaque habitant peut en faire profiter. (Id. 1er mai 1848.)

Mais est légale et obligatoire la délibération par laquelle un conseil municipal a fixé le nombre de brebis, de moutons et de chèvres que chaque habitant de la commune pourra mettre à la vaine pâture et a défendu de les mener dans les quartiers du territoire qu'elle affecte exclusivement au gros bétail. (Id. 7 septembre 1848.)

Cette réglementation prudente et sage facilite, pour certaines espèces d'animaux, l'exercice de la vaine pâture, bien loin de l'entraver, et le droit accordé par notre article au conseil municipal de fixer le nombre de têtes de bétail par arpent comprend virtuellement celui de la conservation du pâturage pour les animaux utiles à l'agriculture. (Id 14 novembre 1834.)

Un arrêté municipal, pris en matière de vaine pâture, n'est légal et obligatoire qu'autant qu'il a été précédé d'une délibération du conseil municipal, puis adressé avec cette délibération au sous-préfet et approuvé par le préfet. (Id. 19 décembre 1865.)

ART. **14.**

Néanmoins tout chef de famille domicilié, qui ne sera ni propriétaire ni fermier d'aucun des terrains sujets au parcours où à la vaine pâture, et le propriétaire ou fermier à qui la modicité de son exploitation n'assurera pas l'avantage qui va être déterminé, pourront mettre sur lesdits terrains, soit par troupeau séparé, soit en troupeau en commun, jusqu'au nombre de six bêtes à laine et d'une vache avec son veau, sans préjudicier aux droits desdites personnes sur les terres communales, s'il y en a dans la paroisse, et sans entendre rien innover aux lois, coutumes ou usages locaux et de temps immémorial, qui leur accorderaient un plus grand avantage.

Cet article contient une exception à la proportion établie par l'article précédent sur la quantité de bétail que l'on doit envoyer à la garde commune; elle a été dictée par l'humanité et pour faciliter la subsistance des habitants pauvres, sans préjudicier à leurs droits sur les terres communales, et sans rien innover aux lois, coutumes, etc.

Dans les communes où les pauvres sont dans l'usage d'envoyer à la vaine pâture plus de six bêtes à laine, et plus d'une vache et son veau, on ne pourra les réduire à ce nombre.

Un particulier domicilié dans une commune peut-il, bien qu'il n'y possède aucune propriété, envoyer une certaine quantité de bestiaux sur les terrains communaux, nonobstant un règlement municipal qui fixe le nombre de têtes de bétail qu'on peut envoyer au parcours sur les terres labourables?

Oui, car il résulte de notre article que la fixation de la quantité de bétail prescrite par l'article 13 n'a trait qu'à la part qu'on peut prendre au partage sur les terrains sujets aux parcours ou à la vaine pâture, c'est-à-dire sur les propriétés privées, après qu'elles ont été dépouillées de leurs fruits. Le pâturage réciproque ou commun sur ces terrains est une sorte d'association aux bienfaits ou aux profits de laquelle l'équité veut qu'on ne puisse participer qu'à raison de sa mise, qui est, dans ce cas, la quantité de terre qu'on possède et qu'on apporte soi-même dans la communauté. néanmoins, par un sentiment d'humanité et pour faciliter la subsistance des personnes comprises dans l'art. 14, le législateur les autorise à avoir un nombre déterminé de têtes de bétail qui pourront être conduites au parcours et à la vaine pâture. En les faisant jouir de cette faculté, il leur réserve expressément leurs droits dans toute leur latitude sur les terres communales, tels qu'ils sont déterminés par les lois, coutumes, usages locaux ou par la possession immémoriale ; d'où il suit que les restrictions portées dans l'article 13 et dans la première partie de l'article 14, ne concernent que le pâturage sur les terrains sujets au parcours et à la vaine pâture, et que, quant au pâturage sur les terres communales, tous les droits sont maintenus, d'après les titres ou la possession qui les ont réglés. (Cass. 6 septembre 1828.)

Le maire, le conseil municipal, ni même l'autorité supérieure, n'ont le pouvoir de suspendre, d'une manière indéterminée et arbitraire, l'exercice de la vaine pâture et le nombre de bêtes que chaque habitant peut y envoyer. (Id., 10 mars 1834.)

Mais un conseil municipal peut interdire, par un règlement pris dans les formes légales, l'introduction dans le pacage communal de bestiaux appartenant à d'autres qu'aux habitants de la commune. D'après les lois, il a le pouvoir de régler le partage des affouages, pâtures, récoltes et fruits des biens communaux ; son règlement intervenu à cet égard, approuvé par le préfet, a été rendu dans le cercle de ses attributions ; il doit donc conserver toute sa force, tant que l'administration supérieure n'y a apporté aucune modification. Il ne s'agit pas de savoir si, d'après l'article 14, le conseil municipal a pu ou non exclure des chefs de famille, domiciliés dans la commune, de la participation ou droit de parcours ou de vaine pâture sur les terrains qui y sont sujets, mais d'un règlement sur le mode de jouissance d'un bien communal, et si le Code rural conserve ces personnes aux droits qui, d'après les lois et usages locaux, peuvent leur appartenir ; ces droits ne sont que la faculté d'envoyer au pâturage commun les bestiaux qui leur appartiennent. L'exercice de cette faculté est nécessairement subordonné aux règlements conservateurs de la propriété commune, et aucune loi ne s'oppose à ce que, dans l'intérêt de tous les habitants, un conseil municipal défende l'introduction du bétail étranger dans une lande communale. Tout usage contraire à des règlements aussi sages et les contraventions qui y auraient été commises ne sauraient prévaloir sur des dispositions d'ordre public et conformes aux lois. (Id., 10 décembre 1851.)

Lorsqu'un arrêté municipal détermine une taxe à payer par les propriétaires forains pour chaque tête de bétail paissant dans un terrain communal, cet arrêté n'a pas le caractère d'un règlement de police qui puisse donner lieu, en cas de contravention, à l'application des peines édictées par l'article 471, n° 15 du Code pénal ; l'infraction audit arrêté ne peut motiver qu'une action civile. (Id. 27 décembre 1851, MM. Jay et Beaume.)

Art. 15.

Les propriétaires ou fermiers exploitant des terres sur les paroisses sujettes au parcours ou à la vaine pâture, et dans lesquelles ils ne seraient pas domiciliés, auront le même droit de mettre dans le troupeau commun, ou de faire garder par troupeau séparé, une quantité de têtes de bétail proportionnée à l'étendue de leur exploitation, et suivant les dispositions de l'article 12 de la présente section ; mais, dans aucun cas, ces propriétaires ou fermiers ne pourront céder leurs droits à d'autres.

Le droit de parcours est attaché à l'exploitation effective des terres, puisque la quantité de bétail qui peut en profiter se détermine uniquement d'après l'étendue de cette exploitation ; dès lors, le propriétaire, qu'il habite ou non la commune sujette au droit, ne peut y participer que pour les bestiaux qui servent réellement à la culture et à l'engrais de ses propriétés, ainsi que pour ceux tenus par lui à cheptel ; mais le bétail qu'il a chez lui pour l'*élever*, le *nourrir* et l'*engraisser*, ne participe pas au bénéfice de la vaine pâture. L'exercice du parcours est donc indivisible et inséparable de l'exploitation des terres, pour laquelle le droit est conféré, et ce droit ne saurait conséquemment être cédé à un individu, habitant ou non la commune, qui n'a pas cette exploitation. (Cass., 14 février, 17 août 1833, 16 juin 1848, 28 avril 1854.)

En conséquence de ce principe, est passible de l'amende édictée par l'article 479, n° 10 du Code pénal, l'individu qui, n'ayant aucune exploitation sur le territoire d'une commune où il n'est d'ailleurs pas domicilié, y envoie ses bestiaux au vain pâturage, et cela encore bien qu'il justifie d'une session à lui faite par plusieurs cultivateurs ou fermiers des terrains sur lesquels ses bestiaux ont été conduits. (Tribunal de police de Poissy, 15 octobre 1864.)

La défense de céder un droit à la vaine pâture n'est pas enfreinte quand deux propriétaires étrangers à une commune se sont associés, pour exercer en commun celui qui leur appartient comme exploitant des terres sur le territoire de cette commune, en réunissant leurs troupeaux, et c'est à tort que l'on prétendrait que c'est là en réalité une cession de droits prohibés par l'article 15. (Cass., 8 mai 1838.)

Art. **16.**

Quand un propriétaire d'un pays de parcours ou de vaine pâture aura clos une partie de sa propriété, le nombre de têtes de bétail qu'il pourra continuer d'envoyer dans le troupeau commun, ou par troupeau séparé sur les terres particulières des habitants de la communauté, sera restreint proportionnellement et suivant les dispositions de l'article 13 de la présente section.

Le même principe se trouve exprimé dans l'article 648 du Code Napoléon, qui porte : « Le propriétaire qui veut se clore perd son droit « au parcours et à la vaine pâture, en proportion du terrain qu'il y « soustrait. » Or, si un propriétaire de quarante arpents a le droit de conduire au pâturage deux bêtes par arpent, ce qui fait au total

80 bêtes, il ne pourra plus en envoyer au parcours que 40, s'il fait enclore la moitié de ses biens.

En ce qui concerne les habitants d'une section de commune, il a été décidé qu'ils pouvaient mener leurs troupeaux sur la totalité du territoire de la commune, lorsqu'il n'existait aucune prohibition à cet égard dans l'acte administratif portant règlement du droit de vaine pâture. (Cass., 28 avril 1848.)

Art. 17.

La commune dont le droit de parcours sur une paroisse voisine sera restreint par des clôtures faites de la manière déterminée à l'article 6 de cette section ne pourra prétendre, à cet égard, à aucune espèce d'indemnité, même dans le cas où son droit serait fondé sur un titre ; mais cette communauté aura le droit de renoncer à la faculté réciproque qui résultait de celui de parcours entre elle et la paroisse voisine : ce qui aura également lieu, si le droit de parcours s'exerçait sur la propriété d'un particulier.

Par cette disposition le législateur suppose que le droit de vaine pâture sur les fonds d'une paroisse avait pu être attribué par un titre à une autre paroisse ; mais ce titre, qui liait la commune en général, ne liait pas les particuliers entre eux ; dès lors, ils ont pu se clore, puisque aucun titre particulier consenti par eux ne les enchaînait ; et c'est l'exercice de ce droit que le législateur défend à une commune usagère fondée sur un titre d'opposer à la commune débitrice de la servitude pour en faire l'objet d'une demande en indemnité. Il lui est seulement permis de faire cesser la faculté réciproque de parcours et de vaine pâture. (Rogron.)

Deux communes pouvaient mettre en commun les profits du parcours et de la vaine pâture sur leurs territoires respectifs ; mais elles n'avaient pas le droit de créer une servitude réelle sur les propriétés personnelles des habitants.

Lorsqu'une commune a soustrait par la clôture une partie des terres au parcours réciproque, l'autre commune peut-elle demander la suppression de droit de parcours, bien qu'elle-même ait soustrait une partie de son territoire à l'exercice du parcours? Oui, attendu que l'article 17 de la loi du 6 octobre 1791, en excluant la demande d'indemnité, autorise expressément la demande en suppression de réciprocité de parcours; qu'il n'exige aucune quotité d'étendue dans les portions de parcours mises en clôture que son esprit et son intention positive sont, dans des vues d'intérêt général, la suppression de la vaine pâture. (Besançon, 25 novembre 1828.)

Art. **18**.

Par la nouvelle division du royaume, si quelques sections de paroisse se trouvent réunies à des paroisses soumises à des usages différents des leurs, soit relativement au parcours ou à la vaine pâture, soit relativement au troupeau en commun, la plus petite partie dans la réunion suivra la loi de la plus grande, et les corps administratifs décideront des contestations qui naîtraient à ce sujet. Cependant, si une propriété n'était point enclavée dans les autres et qu'elle ne gênât point le droit provisoire de parcours ou de vaine pâture auquel elle n'était point soumise, elle serait exceptée de cette règle.

On ne peut qu'admirer la sagesse du législateur qui, dans la disposition qui précède, reconnaît la nécessité de ne pas porter de trouble dans les exploitations rurales par des innovations trop brusques ou trop rapides.

Art. **19**.

Aussitôt qu'un propriétaire aura un troupeau

malade, il sera tenu d'en faire la déclaration à la municipalité : elle assignera sur le terrain du parcours ou de la vaine pâture, si l'un ou l'autre existe dans la paroisse, un espace où le troupeau malade pourra pâturer exclusivement, et le chemin qu'il devra suivre pour se rendre au pâturage ; si ce n'est point un pays de parcours ou de vaine pâture, le propriétaire sera tenu de ne point faire sortir de ses héritages son troupeau malade.

Lorsque le propriétaire du troupeau malade néglige d'en faire la déclaration au maire, il est passible de la peine édictée par l'article 459 du Code pénal, ainsi conçu :

« Tout détenteur ou gardien d'animaux ou de bestiaux soupçonnés » d'être infectés de maladie contagieuse, qui n'aura pas sur le champ » averti le maire de la commune où ils se trouvent, et qui, même avant » que le maire ait répondu à l'avertissement, ne les aura pas tenus ren- » fermés, sera puni d'un emprisonnement de six jours à deux mois, et » d'une amende de seize francs à deux cents francs. »

Ces peines sont aggravées par les articles 460 et 461 du même Code, dans les circonstances qu'ils indiquent.

La seconde partie de notre article 19, la seule qui soit encore en vigueur, puisqu'elle n'a point été remplacée par les articles du Code pénal qui viennent d'être énoncés, trouve sa sanction dans l'article 23, titre 2, de la loi que nous étudions.

Art. 20.

Les corps administratifs emploieront constamment les moyens de protection et d'encouragement qui sont en leur pouvoir pour la multiplication des chevaux, des troupeaux, et de tous bestiaux de race étrangère qui seront utiles à l'amélioration de nos es-

4.

pèces et pour le soutien de tous les établissements de ce genre.

Ils encourageront les habitants des campagnes par des récompenses, et suivant les localités, à la destruction des animaux malfaisants qui peuvent ravager les troupeaux et des insectes qui peuvent nuire aux récoltes.

Ils emploieront particulièrement tous les moyens de prévenir et d'arrêter les épizooties et la contagion de la morve des chevaux.

Une ordonnance de janvier 1583 enjoint aux agents forestiers de rassembler un homme par feu de leur arrondissement, avec armes et chiens propres à la chasse aux loups, trois fois l'année, aux temps les plus commodes. Les ordonnances de 1600 et 1601, ainsi que les arrêtés du conseil des 6 février 1697 et 14 janvier 1698, leur prescrivent également de contraindre les sergents louvetiers à chasser aux loups, aux renards et autres animaux nuisibles, et de veiller à ce que cette chasse soit faite de trois mois en trois mois, ou plus souvent, selon qu'il en sera besoin, par ceux qui avaient le droit exclusif de chasser sur leurs terres. Le 10 messidor an V, le pouvoir législatif, frappé des plaintes qui s'élevaient de toutes parts, publia une loi relative à la destruction des loups. Des primes en argent sont accordées à ceux qui tuent ces animaux. Le tarif en a été fixé par les décisions ministérielles du 25 septembre 1807 et du 9 juillet 1808. D'après ces actes, elles sont de 18 francs par louve pleine; 15 francs par louve non pleine; 12 francs par loup et 6 francs par louveteau.

Pour obtenir une prime, la mort du loup doit être constatée par le maire de la commune où il a été tué : la tête en est coupée et envoyée avec le procès-verbal du maire au préfet, qui délivre un mandat sur le receveur du département.

Un service particulier, la louveterie, est organisée pour la destruction des loups, renards, et autres animaux malfaisants. (Ordonnance du 18 août 1814, 21 juillet 1852.)

Toutes les fois qu'il est nécessaire, il doit être fait dans les campagnes des chasses et battues générales et particulières de ces sortes d'animaux ; elles doivent être ordonnées par le préfet, de concert avec les agents forestiers, sur leur demande et sur celle du sous-préfet ou des lieutenants de louveterie, elles sont exécutées sous la direction et la surveillance des agents forestiers, qui doivent, de concert avec le sous-préfet, régler les jours où elles doivent être faites et le nombre d'hommes qu'il est utile d'y appeler. Il est expressément recommandé aux agents forestiers de veiller à ce que les formalités prescrites par l'arrêté du 19 pluviôse an V soient ponctuellement suivies, de rapporter des procès-verbaux contre les individus appelés pour les battues et qui les abandonneraient pour la chasse du gibier. (Instruction ministérielle du 7 prairial an IX.)

Il est dressé procès-verbal de chaque battue, du nombre et de l'espèce des animaux qui y ont été détruits. Les particuliers que l'autorité municipale a désignés pour concourir à une battue légalement ordonnée, sont obligés d'aller au lieu du rendez-vous qui leur a été fixé par les chefs qui la dirigent, sous peine d'une amende de 20 f., aux termes de l'arrêt du conseil de 1697, qui est encore en vigueur. (Cass. 15 brumaire an II.)

Les corps administratifs sont autorisés à permettre aux particuliers de leur arrondissement qui ont des équipages et autres moyens pour ces chasses, de s'y livrer sous l'inspection et la surveillance des agents forestiers. Il doit être envoyé aux ministres des finances un état des animaux détruits par ces chasses, et de ceux qui auraient été détruits par les pièges tendus dans les campagnes par les habitants, à l'effet d'être pourvu au paiement des récompenses promises par la loi.

Il est de l'intérêt des cultivateurs de répondre aux dispositions prises par l'autorité pour la destruction des animaux nuisibles et l'amélioration des animaux domestiques.

La loi du 24 août 1790, titre 2, art. 3, n° 5, comprend au nombre des objets de police confiés à la vigilance et à l'autorité des corps municipaux le soin de prévenir par les précautions convenables et celui de faire cesser, par la distribution des secours nécessaires, les épidémies et les épizooties. Tout arrêté de l'autorité municipale, pris à cet égard, est obligatoire pour les personnes qu'il concerne, et ceux qui refusent de s'y conformer se rendent passible de l'art. 471, n° 15 du Code pénal.

Nous renvoyons au commentaire de l'art. 23, titre II, ci-après, contenant les mesures à prendre et les instructions relatives aux maladies contagieuses dont les bestiaux peuvent être atteint.

SECTION V.

Des récoltes.

ARTICLE 1er.

La municipalité pourra faire serrer la récolte d'un cultivateur absent, infirme, ou accidentellement hors d'état de la faire lui-même, et qui réclamera ce secours ; elle aura soin que cet acte de fraternité et de protection de la loi soit exécuté aux moindres frais. Les ouvriers seront payés sur la récolte de ce cultivateur.

Chaque propriétaire sera libre de faire sa récolte, de quelque nature qu'elle soit, avec tout instrument et au moment qui lui conviendra, pourvu qu'il ne cause aucun dommage aux propriétaires voisins.

Cependant, dans les pays *où le ban de vendanges est en usage,* il pourra être fait à cet égard un règlement chaque année par le Conseil général (Conseil municipal) de la commune, mais seulement pour les vignes non closes. Les réclamations qui pourraient être faites contre le règlement seront portées au directoire du département (le Préfet), qui statuera sur l'avis du directoire de district (le Sous-Préfet).

L'intérêt général, qui commande que les productions de la terre les plus utiles ne soient pas perdues, et l'humanité ont dicté le premier paragraphe de notre article.

Relativement au second paragraphe, nous avons vu que d'anciens règlements défendaient, pour conserver le chaume aux pauvres, de se servir de la faux et prescrivaient d'employer la faucille pour la récolte du blé. Dans quelques contrées il était aussi interdit de moissonner pendant la nuit. Dans le Beaujolais, il existait un usage fort singulier, ou plutôt un abus; il avait lieu depuis longtemps dans la banlieue de Villefranche, capitale de cette contrée; cet abus s'appelait la *cherpille*. Lorsque le petit peuple croyait que les grains étaient murs, il s'en allait en troupe le moissonner de son autorité privée, sans la permission des propriétaires, fermiers et cultivateurs. Il ramassait avec soin tous les grains, les mettait en gerbes, comptait ces gerbes avec le propriétaire et se payait de sa peine en emportant la dixième gerbe. On suppose que cet usage abusif venait de ce qu'il y avait autrefois dans la banlieue de Villefranche des serfs qui étaient obligés de faire la moisson pour leurs seigneurs, et qu'ayant été affranchis ils avaient continué à recueillir les grains des mêmes terres pour se procurer un ouvrage utile et lucratif; mais ces coutumes surannées, qui s'opposaient à la liberté d'action du cultivateur, le second paragraphe de notre article les abolit, comme l'article premier de la première section l'a déjà fait pour la liberté de culture.

Où le ban de vendanges est en usage, etc.

Le ban de vendanges est une proclamation par laquelle l'autorité municipale annonce le jour où les propriétaires pourront commencer leurs récoltes.

Deux motifs, dit M. Rogron (Code rural), ont fait admettre le ban de vendanges; d'abord l'intérêt public, qui réclame contre l'impatience du propriétaire de couper des raisins verts encore et qui ne pourraient produire qu'une boisson malsaine; ensuite le besoin d'empêcher que les vagabonds, en entrant dans les vignes vendangées, sous prétexte d'exercer le grapillage, ne pénètrent dans les vignes contiguës non vendangées. Au reste, le ban de vendanges n'imposent pas aux propriétaires l'obligation de commencer leurs récoltes ensemble; ils ne peuvent les faire avant la publication; mais le ban publié, ils sont libres de les commencer plus tard, à leurs risques et périls.

Les bans de vendanges rentrent essentiellement dans les attributions de la police municipale et les contraventions à ses arrêtés doivent être punies des peines de simple police. (Cass., 10 novembre 1810, 25 février 1836).

Le maire n'a pas le pouvoir de faire seul cette publication, d'avancer ou de retarder à son gré les vendanges : le conseil municipal doit en délibérer, après avoir pris l'avis de quatre personnes notables de la commune. Si le maire refusait ensuite de publier le ban, les habitants pourraient, d'une manière authentique, le requérir de le faire, le mettre en demeure, s'adresser à l'autorité supérieure, et, en cas d'urgence, procéder à la vendange sans encourir aucune peine, car ils auraient fait tout ce qui dépendait d'eux pour se mettre en règle et obéir à une sorte de force majeure.

Art. 2.

Nulle autorité ne pourra suspendre ou interrompre les travaux de la campagne dans les opérations de la semence et des récoltes.

Les travaux de l'ensemencement et de la moisson sont d'une utilité telle que l'intérêt général, que l'ordre public commandait qu'ils ne fussent entravés d'aucune manière.

Ainsi, le cultivateur auquel il serait adressé pendant ces travaux une réquisition pour un service public quelconque, n'est pas tenu de s'y soumettre, quelle que soit l'autorité qui l'ait donnée.

SECTION VI.

Des chemins.

ARTICLE 1er.

Les agents de l'administration ne pourront fouiller

dans un champ pour y chercher des pierres , de
la terre ou du sable nécessaires à l'entretien des
grandes routes ou autres ouvrages publics, qu'au préalable ils n'aient averti le propriétaire, et qu'il soit
justement indemnisé à l'amiable ou à dire d'experts,
conformément à l'article premier du présent décret.

Cet article demande aux particuliers les sacrifices que peut exiger
le bien général, sous la condition d'une juste et préalable indemnité.

Le droit de fouille reconnu à l'administration résulte d'un arrêt du
Conseil, en date du 7 septembre 1755 , et des lois des 26 février,
4 mars, 7 septembre 1790, 22 juillet et 6 octobre 1791, 28 pluviôse
an VIII, 30 ventôse an VII, 16 septembre 1807 et de l'article 650 du
Code Napoléon.

Les champs dont parle l'article que nous expliquons s'entendent des
propriétés non closes On peut donc se soustraire à la servitude dont il
s'agit en faisant enclore sa propriété. D'ailleurs l'arrêt de 1755, toujours en vigueur, dispose expressément que les entrepreneurs ne peuvent prendre des matériaux dans *les lieux qui sont fermés de murs
et autres clôtures équivalentes.*

Il a été décidé par le Conseil d'État qu'aucune disposition de loi
n'interdit aux propriétaires la faculté d'enclore les terrains contenant
des carrières en exploitation pour un service public; qu'aux termes de
l'article 4, section 4 de la loi du 6 octobre 1791, le droit de clore et
déclore ses héritages résulte essentiellement de celui de propriété et
toutes les lois et coutumes qui peuvent contrarier ce droit ont été
abrogées. (Arrêt du 5 novembre 1828).

Sur cette importante décision, M. Rogron fait les observations suivantes:

Il ne s'agissait pas, dit-il, d'un terrain pris par l'administration
comme pour la route même; car, dans ce cas, il n'y aurait plus eu de
question, le terrain payé par l'administration lui aurait appartenu et
l'ancien propriétaire n'aurait pas pu vouloir se clore; il s'agissait d'un
fonds soumis à l'espèce de servitude consistant dans l'extraction de
pierres, sable, etc., et susceptible d'entrer dans l'indication résultant
des devis. Les agents de l'administration prétendaient avoir un droit

acquis pour l'avenir ; que la servitude qui grevait l'héritage ne permettait pas de le soustraire à l'indication des devis de l'administration. L'arrêt du Conseil d'Etat a repoussé cette prétention, et, appliquant le principe général du droit de se clore consacré par la loi de 1791 et par le Code Napoléon, il a décidé qu'au moyen de la clôture les propriétaires peuvent soustraire leurs terrains à la servitude qui appartient à l'administration, d'indiquer par des devis les lieux où l'extraction des matériaux pourra se faire ; mais nous ne pensons pas que cet arrêt puisse être étendu au delà de ses termes. Ainsi, par exemple, si l'administration avait déjà indiqué par ses devis les terrains sujets à l'extraction des matériaux, les propriétaires ne pourraient pas, au moyen de la clôture, se soustraire à la servitude ; il y aurait droit acquis à l'administration et la clôture ne pourrait produire l'affranchissement du fonds qu'après la confection de l'ouvrage pour lequel l'indication du fonds aurait été faite par les devis.

L'indemnité due au propriétaire doit-elle, dans tous les cas, être réglée et payée préalablement à toute extraction de matériaux ?

M. Rogron fait une distinction : lorsque le terrain est pris en entier, le règlement et le paiement de l'indemnité doivent être préalables comme dans les cas d'expropriation pour cause d'utilité publique ; mais quand il y a simplement extraction de pierres, de sable etc., il n'y a pas cession de propriété, mais une sorte de servitude ou réquisition dans l'intérêt public ; il est tout simple alors que le paiement ne se fasse qu'après l'extraction des matériaux dont la quantité qui doit être extraite peut souvent être difficile à connaître d'avance. Enfin, il peut même y avoir telle circonstance où l'extraction peut commencer sans règlement préalable.

Art. 2.

Les chemins reconnus par le directoire de district (le Sous-Préfet) pour être nécessaire à la communication des paroisses, seront rendus praticables et entretenus aux dépens des communautés sur le territoire desquelles ils sont établis ; il pourra y avoir à cet effet une imposition au marc la livre de la contribution foncière.

D'après la loi du 28 juillet 1824, les chemins dont parle notre article sont les chemins vicinaux reconnus indispensables à la communication d'un lieu public à un autre, tels que chef-lieu de commune, village ou hameau composé de trois habitations au moins, grande route, marché, église, édifice ou bien communal, fontaine publique, pont, bac, rivière ou ruisseau, d'un usage commun ; enfin les chemins qui servent à communiquer d'un chemin vicinal à un autre.

Il suffit qu'un chemin soit de temps immémorial employé à cet usage, pour que le possesseur du fonds où il est établi ne puisse revendiquer la propriété du terrain qu'il occupe. (Cass. 21 juin 1836).

L'entretien des chemins vicinaux est à la charge des communes. Lorsqu'un chemin vicinal intéresse plusieurs communes, le Préfet, sur l'avis des Conseils municipaux, désigne les communes qui doivent concourir à sa construction ou à son entretien, et fixe la proportion dans laquelle chacune d'elles y doit contribuer.

Les dépenses ordinaires de l'entretien des chemins vicinaux doivent être payées sur les revenus des communes. Si ces revenus ne suffisent pas, il y est pourvu à l'aide de prestation en nature, dont le maximum est fixé à trois journées de travail, ou de centimes spéciaux en addition au principal des quatre contributions directes. (Voyez la loi du 21 mai 1836).

L'obligation mise à la charge des communes doit être restreinte aux seules communications qui sont d'une utilité générale pour les habitants d'une ou plusieurs communes : elle ne peut s'étendre aux chemins qui ne serviraient qu'à un petit nombre d'individus, ni aux simples sentiers, ni aux chemins ruraux ou d'exploitation : leur entretien doit avoir lieu aux frais des propriétaires qui ont intérêt à leur conservation.

Autrefois, c'était non un *devoir*, mais une faculté pour les seigneurs, à raison des droits de police et de voirie et même de propriété qu'ils exerçaient sur les chemins vicinaux, de faire des plantations sur les bords de ces chemins, sous la condition de ne causer aucun préjudice aux propriétés riveraines. La loi du 18 août 1790 changea cet état de choses, en décidant que, par suite de l'abolition du régime féodal et des justices seigneuriales, personne ne pourra prétendre, à l'un ou l'autre de ces titres, à aucun droit de propriété ni de voirie sur les chemins publics, rues et places des villages. La même loi abolit le droit de planter des arbres ou de s'approprier ceux qui existeraient sur ces voies. Une autre loi du 28 août 1792 attribua, sans égard aux droits des seigneurs qu'avait réservés la première : 1° les arbres plantés sur les fonds riverains aux propriétaires de ces fonds, même à l'exclusion des communes qui auraient été dans l'usage de se les approprier ; 2° les arbres plantés dans les rues et chemins, également aux riverains, à moins que les communes ne prouvent qu'elles en sont propriétaires ; 3° ceux des places publiques et des autres propriétés communales aux communes. Ces dispositions devaient s'exécuter sans distinguer si les plantations avaient été faites par le seigneur ou par les riverains, et sans qu'on fût obligé de payer une indemnité aux premiers pour frais de plantation. Toutefois l'article 8 de la loi du 15 août 1790 resta en vigueur : il conserve aux seigneurs les plantations faites dans leurs avenues, chemins pavés et autres terrains à eux appartenant, ou dans les parties de chemins publics qu'ils pourraient avoir achetées des riverains, à l'effet d'agrandir ces chemins et d'y planter. Ces lois, réglant le passé, ne s'expliquent ni sur les plantations postérieures, ni sur les personnes à qui il appartient de planter désormais sur les chemins vicinaux. Sur le premier point, il est clair qu'il faut suivre les principes généraux du droit commun écrits dans le Code Napoléon, et, par suite, il faut reconnaître que les arbres plantés sur les chemins communaux appartiennent aux communes en leur qualité de propriétaires de ces chemins et par application de l'article 550 du Code Napoléon.

Quant aux plantations d'arbres sur les chemins vicinaux, la loi du 21 mai 1836 donne aux Préfets le pouvoir de régler ce qui doit être observé à cet égard. Les arrêtés qu'ils prennent à ce sujet sont obligatoires pour les propriétaires riverains ; ils sont tenus de s'y conformer sous la peine portée par l'article 471, n° 15 du Code pénal.

Art. 3.

Sur la réclamation d'une des communautés ou sur celles des particuliers, le directoire de département (le Préfet), après avoir pris l'avis de celui de district (Sous-Préfet), ordonnera l'amélioration d'un mauvais chemin, afin que la communication ne soit interrompue dans aucune saison, et il en déterminera la largeur.

Il appartient aux Préfets de faire la recherche des anciennes limites des chemins vicinaux et de fixer leur largeur, sur l'indication et avec le concours du Conseil municipal (lois des 28 juillet 1824 et 21 mai 1836). Leurs arrêtés attribuent définitivement au chemin reconnu le sol compris dans les limites qu'ils déterminent. Le droit des propriétaires se résout en une indemnité qui est réglée à l'amiable ou par le juge de paix du canton, sur le rapport d'experts nommés, l'un par le propriétaire intéressé et l'autre par le Sous-Préfet.

Les Conseils municipaux et les Préfets sont compétents pour statuer sur l'utilité des chemins nouveaux qu'il y aurait lieu d'établir, et sur les changements à apporter dans la direction des anciens dont l'existence est maintenue. Les travaux d'ouverture et de redressement sont autorisés par arrêté du Préfet. Si, pour l'exécution de cet arrêté, il y a lieu de recourir à l'expropriation, elle s'opère dans la forme ordinaire. Un jury spécial, composé de quatre membres et présidé par un juge du tribunal civil ou par le juge de paix du canton, règle les indemnités à payer aux propriétaires expropriés. Le juge reçoit les acquiescements des parties. Son procès-verbal emporte translation définitive de propriété. Il peut être formé un recours en cassation, soit contre la déclaration du jury qui règle l'indemnité, soit contre le jugement qui prononce l'expropriation. (Loi du 7 juillet 1833).

SECTION VII.

Des gardes champêtres.

ARTICLE 1er.

Pour assurer les propriétés et conserver les récoltes,

il pourra être établi des gardes champêtres dans les municipalités, *sous la juridiction des juges de paix* et sous la surveillance des officiers municipaux. *Ils seront nommés par le Conseil général de la commune* et ne pourront être changés ou destitués que dans la même forme.

Le Code des délits et des peines de l'an IV et le Code d'instruction criminelle, en conférant aux gardes champêtres la qualité d'officiers de police judiciaire, les ont placés sous la surveillance des procureurs impériaux et soustraits *à la juridiction des juges de paix*. Ceux-ci ne pourraient donc prononcer contre eux aucune condamnation. C'est aux procureurs impériaux qu'appartient exclusivement le droit de les poursuivre à raison des crimes, des délits ou des contraventions qu'ils peuvent commettre dans l'exercice de leurs fonctions. Si la conduite d'un garde champêtre est susceptible d'une censure légale, il doit être dénoncé au procureur impérial du ressort. (Cass. 17 septembre 1819, M. Rogron).

Ils seront nommés par le Conseil général etc.

Cette disposition a été modifiée par la loi du 20 messidor an III, aux termes de laquelle il devait être établi des gardes champêtres dans toutes les communes rurales de la France, et au moins un garde par commune, sauf à la municipalité à juger de la nécessité d'y en établir davantage.

Aujourd'hui, d'après un décret du 25 mars 1852, les gardes champêtres sont nommés par les Préfets sur la présentation des maires.

L'institution de ces fonctionnaires remonte à une époque déjà ancienne. En effet, on voit dans des lettres-patentes du roi Charles V, dit le Sage, datées du 19 juin 1369, qu'il était permis aux mayeurs et échevins d'Abbeville d'établir des gardes des ablais, ou grains pendants par racine, auxquels pouvoir était donné de saisir les charrois et bestiaux qui causeraient du dommage.

Antérieurement on avait déjà établi des gardes, des banniers, des messiers, des gastiers pour veiller à la conservation des fruits de la terre et protéger les gastines, ou grands arrondissements de territoire destinés aux pâtis, ainsi que la santé des bestiaux sains contre les épizooties en cantonnant dans leurs cantons les bestiaux infectés. (Coutumes et priviléges de la Bastide confirmés par Charles-le-Bel en 1335.)

Le choix d'un garde champêtre n'est pas sans difficulté, car il faut trouver dans un habitant de la campagne des qualités dont la réunion est rare partout ailleurs. Il ne suffit pas à un garde de donner la chasse à un braconnier, de poursuivre et d'atteindre un maraudeur, il doit encore être doué d'une grande exactitude dans l'accomplissement de ses devoirs, d'une infatigable activité, d'une vigilance difficile à tromper. Il doit aussi avoir quelques notions des lois relatives à la police rurale et des idées nettes pour rédiger clairement un procès-verbal, enfin, et surtout, il doit être d'un désintéressement qui le mette au-dessus de la corruption, et avoir assez de droiture et de fermeté de caractère pour que, dans l'exercice de ses fonctions, il ne se laisse influencer ni par des haines particulières, ni par des affections personnelles.

La loi du 20 messidor an III faisait un devoir aux municipalités de le prendre parmi les citoyens dont la probité, le zèle et le patriotisme étaient généralement connus.

Une autre loi, ou plutôt un arrêté du 25 fructidor an IX, désigne les anciens militaires au choix de l'autorité compétente.

De nos jours et bien que la loi ne leur en fasse pas une obligation, les maires ont l'habitude de présenter également, de préférence à tous autres, les anciens soldats, les anciens gendarmes, pour remplir la place de garde champêtre, et on ne peut que les louer de cette préférence.

Art. 2.

Plusieurs municipalités pourront choisir et payer le même garde champêtre, et une municipalité pourra en avoir plusieurs. Dans les municipalités où il y a des gardes établis pour la conservation des bois, *ils pourront remplir les deux fonctions.*

Plusieurs municipalités pourront, etc.

Cette disposition est abrogée par l'article 3 de la loi du 20 messidor an III, qui veut qu'il y ait au moins un garde par commune.

Ils pourront remplir les deux fonctions.

L'estimable auteur du Code rural, M. Rogron, distingue entre les gardes des bois communaux soumis au régime forestier et les gardes des bois non soumis à ce régime. Selon lui, les premiers ne pourraient être investis des fonctions de gardes champêtres, parce qu'aux termes de l'article 99 du Code forestier, ces gardes sont en tout assimilés aux gardes des bois de l'État, et que, d'après l'article 4 du même Code, les emplois de l'administration forestière sont incompatibles avec *toutes autres fonctions*, soit administratives, soit judiciaires. Mais, quant aux gardes des bois communaux non soumis au régime forestier, M. Rogron pense qu'ils peuvent toujours être revêtus des fonctions de gardes champêtres, car il n'y a aucune loi qui ait rapporté, relativement à eux, la disposition du présent article 2.

Autre question :

Les gardes des bois des particuliers pourraient-ils être choisis pour gardes champêtres d'une commune ? M. Rogron n'hésite pas à adopter l'affirmative, parce qu'aucune loi ne l'interdit formellement. Cependant il pense qu'on peut admettre la négative, d'après l'article 2 que nous expliquons. En effet, cet article, en prenant soin de dire que les deux fonctions de garde des bois des communes et de garde champêtre peuvent être réunies dans la même personne, indique bien qu'en principe cette réunion ne doit pas exister dans la personne d'autres gardes : on conçoit d'ailleurs les difficultés qu'éprouverait un garde, soumis à deux maîtres différents, de remplir fidèlement et exactement ses fonctions.

Quand le maire et le conseil municipal d'une commune ne sont pas d'accord pour la nomination d'un garde champêtre, le Préfet peut-il faire d'office cette nomination ? Consulté sur cette question, le ministre de l'intérieur a répondu « qu'il fallait user avec réserve de l'article 15 de la loi du 18 juillet 1837, dont on pourrait justement contester l'application, quand il s'agit du choix d'agents communaux à l'égard desquels un mode spécial de nomination a été déterminé par la loi elle-même. S'il y a dissentiment entre le conseil municipal et le maire, le Préfet n'a pas le droit de trancher la difficulté ; une loi attribue spécialement au maire, avec le concours du

» conseil municipal, le droit de nommer les gardes champêtres; le
» Préfet ne peut donc, dans le cas qui se présente, que recourir au
» moyen de persuasion. » (Lettre du 18 janvier 1839).

ART. 3.

Les gardes champêtres seront payés par la communauté ou les communautés, suivant le prix déterminé par le Conseil général (Conseil municipal) ; les gages seront prélevés sur les amendes qui appartiendront en entier à la communauté. Dans le cas où elles ne suffiraient pas au salaire des gardes, la somme qui manquerait serait répartie au marc la livre de la contribution foncière, mais serait à la charge de l'exploitant : toutefois les gages des gardes des bois communaux seront prélevés sur le produit de ces bois et séparés des gages de ceux qui concernent les autres propriétés rurales.

Le budget de chaque commune, voté et réglé dans la forme prescrite par la loi du 18 juillet 1837, détermine le traitement à allouer au garde champêtre. Ce traitement est mis au nombre des dépenses obligatoires de la commune, et payé sur le produit des recettes communales. Le garde champêtre en jouit à partir du jour où il a prêté serment ; il en est payé à l'expiration de chaque trimestre par le receveur municipal, sur un mandat du maire, délivré sur papier libre.

ART. 4.

Dans l'exercice de leurs fonctions , les gardes champêtres pourront porter *toutes sortes d'armes* qui seront jugées leur être nécessaires par le directoire du département (le préfet). Ils auront sur le bras une plaque de métal ou d'étoffe, où seront inscrits ces mots : La loi, le nom de la municipalité, celui du garde.

Les gardes champêtres peuvent porter toutes sortes d'armes qui sont jugées par le préfet leur être nécessaires.

Le procès-verbal d'un garde champêtre est-il nul s'il n'énonce pas que le garde était revêtu de ses insignes au moment où il a reconnu le délit ? Non.

Attendu que si la loi du 6 octobre 1791 dispose que les gardes champêtres auront sur le bras une plaque de métal ou d'étoffe sur laquelle seront écrits ces mots : La loi, le nom de la municipalité et celui du garde, cette loi n'a pas attaché la peine de nullité au défaut de cette mention dans les procès-verbaux que les gardes qui les auraient dressés étaient revêtus de ces marques distinctives ; qu'il est de principe que l'officier public n'a besoin d'être revêtu de son costume ou des marques distinctives de ces fonctions, pour procéder régulièrement et légalement, qu'autant qu'il s'agit de contraindre la volonté d'un citoyen, ou de s'introduire dans son domicile, ou enfin de faire un acte quelconque qui puisse rendre la rébellion inexcusable ; mais que quand il s'agit seulement de constater un fait, il ne faut qu'une chose, c'est que l'officier public ait caractère. (Cass. 11 octobre 1821, 20 septembre 1833).

Art. 5.

Les gardes champêtres seront âgés au moins de vingt-cinq ans. Ils seront reconnus pour gens de bonnes mœurs, et ils seront reçus par le juge de paix ; il leur fera prêter le serment de veiller à la conservation de toutes les propriétés qui sont sous la foi publique, et de toutes celles dont la garde leur aura été confiée par l'acte de leur nomination.

En vertu de l'article qui précède, les juges de paix ont reçu les serments des gardes champêtres jusqu'en 1830; mais, à partir de cette époque, la loi du 31 août de la même année leur a imposé l'obligation, comme officiers de police judiciaire, de prêter, devant le tribunal de première instance du ressort dans lequel ils exerçaient leurs fonctions, le serment de fidélité au roi des Français, d'obéissance à la charte constitutionnelle et aux lois du royaume. et, en outre, le serment spécial énoncé en notre article 5. Par le décret du 1er mars 1848, le serment politique a été aboli, et, par suite, la loi du 31 août 1830. Dès ce moment l'article 5 que nous expliquons a repris tout son empire, et le serment des gardes champêtres devait être de nouveau reçu par les juges de paix. L'article 5 du décret des 3 et 7 avril 1852 a conservé à ces magistrats cette attribution et les a chargés de recevoir des gardes champêtres le serment politique qui consiste à jurer obéissance à la constitution et fidélité à l'Empereur.

Art. 6.

Ils feront, affirmeront et déposeront leurs rapports devant les juges de paix de leur canton, ou l'un de ses assesseurs, ou feront devant l'un ou l'autre leurs déclarations. Leurs rapports ainsi que leurs déclarations, lorsqu'ils ne donneront lieu qu'à des réclamations pécuniaires, feront foi en justice pour tous les délits mentionnés dans la police rurale, sauf la preuve contraire.

Les gardes champêtres sont institués pour veiller à la conservation des propriétés rurales et constater les délits et contraventions qui y sont commis. L'article 16 du Code d'instruction criminelle porte, en effet, ce qui suit :

« Les gardes champêtres et les gardes forestiers, considérés comme officiers de police judiciaire, sont chargés de rechercher, chacun dans le territoire pour lequel ils auront été assermentés, les délits et les contraventions de police qui auront porté atteinte aux propriétés rurales et forestières. Ils dresseront des procès-verbaux, à l'effet de constater

la nature, les circonstances, le temps le lieu des délits et des contraventions, ainsi que les preuves et les indices qu'ils auront pu en
recueillir.

Ils suivront les choses enlevées, dans les lieux où elles auront été
transportées, et les mettront en séquestre : ils ne pourront néanmoins
s'introduire dans les maisons, ateliers, bâtiments, cours adjacentes et
enclos, si ce n'est en présence, soit du juge de paix, soit de son sup-
pléant, soit du commissaire de police, soit du maire du lieu, soit de
son adjoint; et le procès-verbal qui devra en être dressé sera signé par
celui en présence duquel il aura été fait.

Ils arrêteront et conduiront devant le juge de paix ou devant le
maire tout individu qu'ils auront surpris en flagrant délit ou qui sera
dénoncé par la clameur publique, lorsque ce délit emportera la peine
d'emprisonnement ou une peine plus grave.

Ils se feront donner, pour cet effet, main-forte par le maire ou par
l'adjoint au maire du lieu, qui ne pourra s'y refuser. »

Les gardes champêtres n'ont pas qualité pour constater les infractions relatives à la police urbaine, et les procès-verbaux par eux
dressés en cette matière ne peuvent servir de base à des condamnations
par le tribunal de police. (Cass. 7 mai 1840, 13 mai 1852, 1er avril
1854, 17 février 1859).

Mais d'autres attributions leur sont réservées. Ainsi, ils ont le droit
de constater l'introduction et la vente des tabacs en fraude , de procéder à la saisie de ces marchandises, ainsi que des machines ou ustensiles prohibés, des moyens de transport et des fraudeurs (loi du
28 avril 1816, art. 225). L'article 56 de la loi du 15 avril 1829, sur
la pêche, les charge de verbaliser sur tous les délits de pêche; la loi
du 3 mai 1844, article 22, leur confie également le soin de constater
les délits de chasse; celle du 30 mai 1851, article 15, les range aussi
parmi ceux qui ont caractère pour rechercher et reconnaître les délits
et les contraventions concernant la police du roulage. Enfin, et
quoique la loi du 21 mai 1836 sur les chemins vicinaux ne les ait
pas appelés à constater les infractions qui s'y commettent, ils peuvent
en dresser procès-verbal, parce que ces chemins, dans les campagnes,
sont des propriétés rurales. (Cass. 1er décembre 1827, 24 avril 1829,
27 juin 1845).

Ont-ils le pouvoir de constater les délits forestiers ?

Non, car aucun texte de la loi n'a conféré le droit et imposé l'obligation aux gardes champêtres de dresser procès-verbal des délits commis dans les bois de l'Etat. Si la loi du 6 octobre 1791 leur a donné mission de constater tous les délits mentionnés au titre 2 de cette loi, et si les articles 56 et suivants du même titre comprennent parmi ces délits des infractions forestières, elles ne se rapportent qu'aux bois des particuliers, d'une part, et d'autre part aux bois des communautés non soumis alors au régime forestier. Le Code de brumaire an IV a maintenu cette distinction; l'article 41 de ce Code, bien qu'il ait réuni dans une désignation collective les gardes champêtres et les gardes forestiers, quant à l'accomplissement des fonctions qui leur sont imparties, a rappelé par l'emploi du mot *respectivement*, les différences que laissait subsister entr'eux la diversité du but assigné à leur institution; l'article 16 du Code d'instruction criminelle n'a rien innové à cet égard. (Cass. 15 janvier 1849).

Les gardes champêtres sont aussi incompétents pour verbaliser dans les bois des particuliers, lorsque ces bois sont surveillés par des gardes spéciaux; mais ils ont qualité pour découvrir et reconnaître les infractions commises dans les mêmes propriétés quand elles ne sont pas sous la surveillance de gardes particuliers.

Les procès-verbaux des délits et contraventions doivent en déterminer la nature, les circonstances, le temps, le lieu, les preuves et les indices. La *nature* d'une contravention ou d'un délit se reconnaît par le fait même qui l'a produit, elle désigne le juge chargé de la répression. *Les circonstances* sont toutes les particularités qui accompagnent le fait dommageable et qui peuvent en aggraver ou en atténuer les effets. Le *temps* s'énonce en marquant l'époque à laquelle il a été commis : cette énonciation est nécessaire pour donner cours au délai dans lequel l'action doit être intentée. La désignation *du lieu* est également indispensable, afin de savoir si le fonctionnaire qui a fait le rapport était compétent et de permettre à la personne lésée de former sa réclamation. Les *preuves* et les *indices* consistent dans les moyens à l'aide desquels le juge peut vérifier le fait délictueux et former ses convictions. Toutes ces indications ont donc leur utilité. Toutefois, l'omission de l'une d'elles ne serait point une cause de nullité.

L'affirmation des procès-verbaux doit être faite, dans les vingt-quatre heures de leur date, par le garde qui les a rédigés, devant le juge de paix ou l'un de ses suppléants (art. 6 précité). A leur défaut, elle peut être reçue par le maire de la commune où les délits et les contraventions ont été commis, et, en cas d'empêchement de sa part, par son adjoint (loi du 28 floréal an X). Enfin, les commissaires de police ont également qualité pour recevoir l'affirmation du garde champêtre. (Art. 11 du Code d'instruction criminelle).

Lorsqu'un garde ne sait pas écrire, il peut se présenter devant les magistrats et fonctionnaires ci-dessus désignés pour la rédaction de ses procès-verbaux. La loi du 5 janvier 1791 donne aussi pouvoir au greffier de la justice de paix du canton de les rédiger. Ils doivent être signés par le garde et l'autorité qui les a dressés. Ils font foi en justice jusqu'à preuve contraire.

Il a même été décidé qu'ils sont valables, quoiqu'ils aient été écrits par le secrétaire de la mairie, si c'est sous la dictée du garde et en présence du maire qui l'a signé avec le garde. (Cass., 19 mars 1830).

Lorsque le procès-verbal écrit par un autre que par le garde ne mentionne pas qu'il a été écrit par un fonctionnaire ayant qualité pour l'écrire, cet acte est entaché de nullité. (Cass., 27 décembre 1832).

ART. 7.

Ils seront responsables des dommages dans le cas où ils négligeront de faire dans les vingt-quatre heures les rapports des délits.

Les gardes champêtres sont responsables des dommages. Il ne faut pas conclure de là qu'ils puissent être condamnés à répondre de tout délit qu'ils n'ont pas constaté. Cette responsabilité, ainsi que l'énonce notre article, ne peut être que l'effet de leur négligence. Dès lors, celui qui s'est montré vigilant dans l'observation de ses devoirs, et à la connaissance duquel un délit a néanmoins échappé, n'est pas obligé d'en répondre.

Est-il besoin de dire que s'il arrivait au garde d'insérer dans un procès-verbal des faits contraires à la vérité, dans le but d'aggraver la position du prévenu, de l'exposer à une peine plus sévère, il se rendrait coupable du crime de faux ? De même, celui qui, dans l'exercice ou à l'occasion de l'exercice de ses fonctions, use de violences envers les personnes, sans motif légitime, est passible des peines prononcées par les articles 186 et 198 du Code pénal. Est également coupable et encourt la peine portée en l'article 177 du même Code, celui qui agrée des offres ou promesses pour faire un acte de son ministère, non sujet à salaire, ou bien qui s'abstient, moyennant une somme quelconque, de dresser procès-verbal d'un délit qu'il a découvert. Un délit ou une contravention intéresse à la fois la vindicte publique et le propriétaire lésé, et il n'est pas au pouvoir de ce dernier d'empêcher le garde d'en dresser procès-verbal.

La loi du 23 thermidor an IV avait affranchi de la formalité de l'enregistrement les procès-verbaux des gardes champêtres ; mais elle a été abrogée par la loi du 22 frimaire an VII, qui prescrit l'enregistrement de ces actes dans le délai de quatre jours. Les peines que prononce cette dernière loi ne sont applicables qu'aux procès-verbaux qui font foi en justice jusqu'à inscription de faux : elles ne peuvent être invoquées contre ceux des gardes champêtres et ceux des maires et adjoints. Ainsi, le procès-verbal d'un délit rural qui n'a pas été enregistré dans le délai de quatre jours n'est pas nul pour cette omission ; le tribunal saisi du fait qu'il constate peut seulement ordonner, avant de statuer, qu'il sera soumis à la formalité de l'enregistrement. (Cass., 18 février 1820.)

Gardes particuliers.

Tout ce que nous venons de dire à l'égard des gardes champêtres des communes s'appliquent à ceux qui sont institués par les particuliers. Comme eux, les gardes spéciaux sont officiers de police judiciaire ; comme eux ils sont investis, en cette qualité, du droit de rechercher et de constater les délits et les contraventions commis sur les propriétés confiées à leur surveillance ; d'arrêter les individus surpris en flagrant délit ou dénoncés par la clameur publique. S'ils sont choisis par de simples particuliers pour la garde de leurs propriétés, dans leur intérêt privé, c'est la puissance publique seule qui leur donne tous les pouvoirs tenant à l'intérêt général et au bon ordre, et qui les investit du caractère d'officiers de police judiciaire par la solennité et la réception de leur serment. (Cass., 15 juillet 1836.)

Comment sont institués les gardes particuliers?

Tout propriétaire, dit la loi du 3 brumaire an IV, a le droit d'avoir pour la conservation de ses propriétés un garde champêtre. Il est tenu de le faire agréer par le sous-préfet de l'arrondissement, et de lui faire prêter serment devant le juge de paix du canton dans lequel les propriétés sont situées. (Code forestier, art. 117, décret des 5-7 avril 1852.)

Si le garde particulier n'est pas nommé dans ces conditions, il n'a point le caractère d'officier de police judiciaire, et ses rapports ne font pas foi en justice. (Cass., 21 août 1824.)

Art. 8.

La poursuite des délits ruraux sera faite au plus tard dans le délai d'un mois, soit par les parties lésées, soit par le procureur de la commune ou ses substituts, s'il y en a, soit par des hommes de loi commis à cet effet par la municipalité, faute de quoi il n'y aura plus lieu à poursuite.

L'action publique et l'action civile, pour une contravention de simple police, seront prescrites après une année révolue, à compter du jour où elle aura été commise, même lorsqu'il y aura eu procès-verbal, saisie, instruction ou poursuite, si dans cet intervalle il n'est point intervenu de condamnation. S'il y a eu un jugement définitif de première instance, de nature à être attaqué par la voie de l'appel, l'action publique et l'action civile se prescrivent après une année révolue, à compter de la notification de l'appel qui en aura été interjeté. (Art. 640 du Code d'instruction criminelle.)

L'article 643 du Code précité porte que les dispositions du chapitre sur la prescription ne dérogent point aux lois particulières relatives à la prescription des actions résultant de certains délits ou de certaines contraventions. Ainsi, les contraventions forestières commises dans les bois des particuliers se prescrivent par trois mois. (Art. 185, 189, Code forestier). Les actions en réparation de délits en matière de pêche sont prescrites au bout d'un mois, à compter du jour où les délits ont été constatés, lorsque les prévenus sont désignés dans les procès-verbaux.

Dans le cas contraire, le délai de la prescription est de trois mois Notre article n'a point été modifié par le Code d'instruction criminelle; dès lors le délai qu'il indique pour la prescription des délits ruraux doit rester fixé à un mois.

La prescription étant d'ordre public, le juge doit-il toujours, lorsque le prévenu ne l'invoque pas, la prononcer d'office, si elle est accomplie? La Cour de cassation a, par de nombreux arrêts, résolu la question affirmativement.

TITRE II.

De la Police rurale.

ARTICLE 1er.

La police des campagnes est spécialement *sous la juridiction des juges de paix et des officiers municipaux,* et sous la surveillance des gardes champêtres et de la gendarmerie nationale.

Ce titre II est la partie la plus importante du Code rural. Les principes sur lesquels repose la propriété rurale ne sont pas aussi rigoureux que ceux qui défendent les autres biens. Cette nature de propriété, conquise dans l'origine par le travail et qui se conserve dans l'intérêt de tous par le travail, n'est pas comme les meubles dans notre main. Aussi la communauté primitive du sol ne s'est-elle jamais entièrement effacée. De là, sur la police des campagnes, des lois spéciales en harmonie avec les premiers principes du droit naturel; de là le glanage, le râtelage, le grapillage permis aux pauvres; de là l'enlèvement de quelques productions de la terre, qualifié non de vol, mais de maraudage, et puni, non comme un crime, non comme un délit, mais comme une simple contravention; de là enfin, en matière de ruralité, cette indulgence du législateur, qu'on remarquera dans ce titre, pour des actes que, dans d'autres circonstances, il frappe de peines sévères. (M. Rogron).

Sous la juridiction des juges de paix, etc.

Ces expressions indiquent que ces magistrats sont appelés à prononcer sur les contraventions rurales. Cette juridiction est déterminée par le Code d'instruction criminelle. Quant aux officiers municipaux, l'art. 596 du Code des délits et des peines de l'an IV leur a enlevé la juridiction que notre article leur attribuait, afin d'empêcher la confusion du pouvoir administratif et du pouvoir judiciaire. Il ne faut pas confondre la juridiction avec l'autorité. La juridiction est le droit de juger les infractions aux règlements; elle appartient aux juges de paix; l'autorité a le pouvoir de faire des règlements; elle appartient aux maires. (M. Rogron).

Art. 2.

Tous les délits ci-après mentionnés sont, suivant leur nature, de la compétence du juge de paix ou de la municipalité du lieu où ils auront été commis.

Cette disposition a été modifiée par les articles 138, 139, 140, 166 et 179 du Code d'instruction criminelle, et par les articles 465 et 466 du Code pénal.

Celles des infractions mentionnées dans le titre II du Code rural et qui ne sont punies que des peines de police, c'est-à-dire d'une amende qui n'excède pas 15 francs et d'un emprisonnement de cinq jours au plus, sont de simples contraventions de la compétence du juge de paix du canton; les autres infractions, qui entraînent des peines plus fortes, constituent des délits justiciables du tribunal de police correctionnelle de l'arrondissement.

Art. 3.

Tout délit rural, ci-après mentionné, sera punissable d'une amende ou d'une détention, soit municipale, soit correctionnelle, ou de détention et d'amende réunies, suivant les circonstances et la gravité du délit, sans préjudice de l'indemnité qui pourra être due à celui qui aura souffert le dommage. Dans tous les cas, cette indemnité sera payable par préférence à l'amende, l'indemnité et l'amende sont dues solidairement par les délinquants.

Cette disposition déclare punissables d'une amende ou d'une détention tous les délits mentionnés dans le titre auquel elle appartient. Or, les articles 12 et 21 ne contiennent aucune pénalité; il faut donc chercher ailleurs les peines qui leur sont applicables. La loi du 20 messidor an III, art. 5, déclare que la peine pécuniaire pour tout délit rural ne pourra être moindre de la valeur de cinq journées de travail, outre la restitution de la valeur du délit, sans préjudice des peines plus graves.

Le Code du 3 brumaire an IV est encore venu changer cette législation. L'article 600 de ce Code porte : « Les peines de simple police sont celles qui consistent, ou dans une amende de la valeur de trois journées de travail ou au-dessous, ou dans un emprisonnement qui n'excède pas trois jours. » L'art. 606 du même Code ajoute : « Le tribunal de simple police gradue, selon les circonstances et le plus ou le moins de gravité du délit, les peines qu'il est chargé de prononcer, sans néanmoins qu'elles puissent, en aucun cas, ni être au-dessous d'une amende de la valeur d'une journée de travail ou d'un jour d'emprisonnement, ni s'élever au-dessus de la valeur de trois journées de travail ou de trois jours d'emprisonnement. »

Enfin l'art. 2 de la loi du 23 thermidor an IV, modifiant les dispositions qui précèdent, est ainsi conçu : « La peine d'une amende de la valeur d'une journée de travail, ou d'un jour d'emprisonnement fixée comme la moindre par l'art. 606 du Code des délits et des peines, ne pourra, pour tout délit rural et forestier, être au-dessous d'une amende de la valeur de trois journées de travail, ou de trois jours d'emprisonnement. » L'art. 3, titre II, du Code rural, se trouve abrogé par les trois derniers articles que nous venons de transcrire, en ce sens qu'ils ne permettent de prononcer que l'amende ou la détention, peines qui sont cumulées dans l'art. 5.

5.

La valeur d'une journée de travail est le salaire ordinairement accordé à un manœuvre pour le travail d'un jour. La loi du 16 janvier 1790 l'avait fixé à. . . . . 1 fr. »» c.

Celle du 3 nivôse an VII de 0 fr. 50 à. 1   50

Celle du 26 mars 1831 à. 1   50

Dans les villes de 50,000 âmes et au-dessus et dans les villes de 20,000 à 50,000 âmes, à. 1   25

Dans les villes de 10,000 à 20,000 âmes, à. 1   10

Dans les villes de 10,000 et dans les chefs-lieux de département et d'arrondissement qui n'ont qu'une population au-dessous de 5,000 âmes, à. 1   » »

Dans les communes de 1,500 âmes, à. . . . . »   80

Dans toutes les autres au-dessous de 1,500 âmes, à. . »   70

La loi de 1852 a confié au Conseil général, dans chaque département, le soin de fixer le prix moyen de la journée de travail, sans pouvoir néanmoins l'abaisser au-dessous de 50 c., ni l'élever au-dessus de 1 fr. 50 c.

L'art. 3 que nous commentons dit que l'indemnité sera payable de préférence à l'amende; la raison en est, selon M. Rogron, que l'Etat, dans les amendes, trouve un véritable gain, tandis que la partie civile ne réclame des indemnités que pour éviter une perte. Or, l'équité devait nécessairement faire pencher la balance de ce côté. Toutefois cette préférence n'a pas lieu au préjudice de l'Etat, en ce qui concerne le paiement des frais, lesquels sont privilégiés, d'après les articles 121 du Code d'instruction criminelle et 54 du Code pénal.

Notre article établit la solidarité entre les délinquants pour le paiement de l'*amende* et de l'indemnité. Appliquée à l'amende, la solidarité n'existe que pour les délits réprimés par le Code rural.

On s'est demandé si notre art. 5 était applicable aux contraventions prévues au titre Ier de ce Code, et qui par là se trouve placé dans un ordre antérieur; la Cour suprême a résolu négativement cette question, par le motif que cet article ne parlant que des délits mentionnés au titre II, et gardant le silence sur ceux prévus au titre Ier, est sans application à ces dernières infractions. (Arrêt du 8 juin 1821).

Art. 4.

Les moindres amendes seront de la valeur *d'une journée de travail* au taux du pays, déterminée par le conseil de département. Toutes les amendes ordinaires qui n'excéderaient pas la somme de trois journées de travail, *seront doublées, en cas de récidive, dans l'espace d'une année, ou si le délit a été commis avant le lever ou après le coucher du soleil ; elles seront triples quand les deux circonstances précédentes se trouveront réunies.* Elle seront versées dans la caisse de la municipalité du lieu.

D'une journée de travail ; nous avons vu que cette disposition est modifiée par l'art. 2 de la loi du 23 thermidor an IV.

M. Carnot (commentaire du Code pénal) pense que cette loi de thermidor an IV a été abrogée par le Code pénal ; mais c'est une erreur, car il a été décidé que le Code rural et les lois qui s'y rattachent ont conservé jusqu'à présent toute leur autorité, forment dans cette matière notre droit actuel et servent constamment de règle aux jugements des Cours et Tribunaux du royaume. (Cass., 21 novembre 1828.)

Lorsque des règlements administratifs et municipaux ont été pris en matière rurale, les infractions à ces règlements doivent-elles être punies par les lois de 1791 et de thermidor an IV, ou bien par l'article 471, n° 15 du Code pénal ?

Nous pensons que c'est ce dernier article qui est applicable, malgré un arrêt de la Cour de cassation du 15 février 1828, par lequel cette Cour a jugé que les lois spéciales que nous venons de citer devraient, au cas indiqué, recevoir leur application. Nous admettrions cette jurisprudence si les règlements dont il s'agit portaient sur des objets à l'égard desquels la loi de 1791 a établi une pénalité ; mais si ces mêmes règlements sont relatifs, par exemple, à l'exercice de la vaine pâture ou au cantonnement des troupeaux, choses sur lesquelles le titre II de cette loi garde le silence le plus complet, c'est le n° 15 de l'art. 471 du Code pénal qui doit être invoqué pour la répression des contraventions commises aux règlements administratifs et municipaux.

Seront doublées en cas de récidive, etc.

La loi du 22 juillet 1791, art. 27, avait déjà disposé qu'en cas de récidive, toutes les amendes qu'elle établit serait doublées. L'art. 607 du Code du 3 brumaire an IV porte que dans le même cas les peines suivent la proportion réglée par la loi des 22 juillet, 28 septembre et 6 octobre 1791. L'art. 608 du même Code dit que, pour qu'il y ait lieu à une augmentation de peine pour récidive, il faut qu'il y ait eu un premier jugement rendu contre le prévenu pour pareil délit, dans les douze mois précédents, et dans le ressort du même tribunal de police. Cette dernière disposition est conforme aux articles 474, 478, 482 et 483 du Code pénal, et 200 du Code forestier.

Aux termes de l'art. 4 que nous commentons, et de l'art. 607 du Code de brumaire an IV, les contraventions commises en *récidive* ne sont punissables que du doublement de l'amende fixée à la valeur de trois journées de travail par l'art. 2 de la loi du 23 thermidor an IV. Et, chose bizarre, la peine de l'emprisonnement ne doit jamais être appliquée en cas de récidive. C'est ce qu'a décidé la Cour suprême par de nombreux arrêts, notamment par arrêts des 19 mars 1825, 4 août 1827, 15 février et 5 septembre 1828, 20 février 1829, 13 janvier 1831, 25 février 1832.

Il peut paraître étrange que cette Cour souveraine interdise de prononcer une peine d'emprisonnement alors que le tort est plus grave, et qu'il y a rechute d'une faute qui a déjà encouru les sévérités de la justice. Il est beaucoup de contrevenants qui se soucient peu d'être punis plusieurs fois d'une faible amende, que souvent ils ne paient pas, mais qui n'oseraient braver la loi si elle devait les frapper d'un ou de plusieurs jours d'emprisonnement; mais la loi est ainsi faite, et jusqu'à ce qu'elle soit réformée, nous devons tous nous y conformer.

Avant le lever ou après le coucher du soleil.

La nuit, à la faveur de laquelle il est plus facile de commettre des délits et des contraventions, est une circonstance aggravante qui justifie le doublement de l'amende attachée à l'infraction.

Elles seront triples, etc.

Il est évident que les circonstances de la nuit et de la récidive étant réunies, la peine devait être plus forte que celle qui est prononcée pour chacune de ces deux circonstances.

Art. 5.

Le défaut de paiement des amendes et des dédommagements ou indemnités n'entraînera la contrainte par corps que vingt-quatre heures après le commandement. *La détention remplacera l'amende à l'égard des insolvables ;* mais sa durée en commutation de peine ne pourra excéder un mois. Dans les délits pour lesquels cette peine n'est point prononcée, et dans les cas graves où la détention est jointe à l'amende, elle pourra être prolongée du quart du temps prescrit par la loi.

Cet article a été abrogé par les articles 467 et 469 du Code pénal, ainsi conçus :

Article 467 : « La contrainte par corps a lieu pour le paiement de l'amende. Néanmoins, le condamné ne pourra être, pour cet objet, détenu plus de quinze jours, s'il justifie de son insolvabilité. »

Article 469 : « Les restitutions, indemnités et frais entraîneront la contrainte par corps, et le condamné gardera la prison jusqu'à parfait paiement ; néanmoins, si ces condamnations sont prononcées au profit de l'État, les condamnés pourront jouir de la faculté accordée par l'art. 467, dans le cas d'insolvabilité prévue par cet article. »

Les individus condamnés pour les causes ci-dessus énoncées sont passibles de la contrainte par corps jusqu'à parfait paiement, lorsque les condamnations prononcées contre eux n'excèdent pas la somme de 300 francs, à moins qu'ils ne justifient de leur insolvabilité suivant le mode prescrit par l'art. 420 du Code d'instruction criminelle. (Loi du 17 avril 1832, art. 34 et 35.)

D'après l'art. 55 de cette loi, la contrainte par corps peut être exécutée cinq jours après le commandement, pour amende, au profit de l'État.

La détention remplacera l'amende, et non les dédommagements et indemnités. On en donne ainsi la raison : dans le premier cas, le législateur, organe de la volonté générale, a pu borner la durée de l'emprisonnement; mais, dans le second, il a dû laisser les particuliers libres de faire grâce à leurs débiteurs, ou d'user envers eux de la rigueur des lois. (Rogron).

Art. 6.

Les délits mentionnés au présent décret, qui entraîneraient une détention de plus de trois jours dans les campagnes et de plus de huit jours dans les villes, seront jugés par la police correctionnelle ; les autres le seront par la police municipale.

Cet article a été modifié par les articles 137 et suivants du Code d'instruction criminelle et par les articles 464 et suivants du Code pénal en ce sens que les délits, lorsqu'ils n'entraînent pas une détention de plus de cinq jours, sont du ressort du tribunal de simple police.

Art. 7.

Les maris, pères, mères, tuteurs, maîtres, entrepreneurs de toute espèce, seront civilement responsables des délits commis par leurs femmes et enfants, pupilles, mineurs, n'ayant pas plus de vingt ans et non mariés, domestiques, ouvriers, voituriers et autres subordonnés. L'estimation du dommage sera toujours faite par le juge de paix ou ses assesseurs, ou par des experts par eux commis.

Le Code forestier (art. 206), et l'art. 74 de la loi du 15 avril 1829, sur la pêche, contiennent une disposition analogue à celle qui précède, sur la responsabilité. En général, les maris ne sont pas responsables des délits commis par leurs femmes ; mais le Code rural et le Code forestier, ainsi que la loi sur la pêche, ont établi une exception pour la conservation des propriétés qu'ils protégent.

Il faut remarquer que la responsabilité civile d'un délit ou d'une contravention ne s'étend pas aux amendes ; elle n'a lieu que pour le paiement des restitutions, dommages-intérêts et frais. C'est une règle générale à laquelle nous ne connaissons que trois exceptions, qui sont celles que consacrent l'art. 54 de la loi du 6 frimaire an VII, sur les bacs et bateaux, l'art. 46 du Code forestier, relatifs aux adjudicataires et à leurs cautions, et l'art. 15 de la loi du 30 mai 1851, sur la police du roulage.

Les pères et mères ne sont responsables du dommage causé par leurs enfants mineurs qu'autant qu'ils habitent avec eux et qu'ils n'ont pu empêcher le fait qui donne lieu à cette responsabilité (Article 1384 du Code Napoléon). Et cela est juste, car si les pupilles et les enfants mineurs ne demeurent pas avec leurs tuteurs et leurs père et mère, ils ne sont pas sous leur surveillance, et dès lors la responsabilité qui existe contre eux à cause de cette circonstance même ne peut les atteindre.

M. Rogron pense qu'il faut en dire autant de la femme séparée de corps qui n'habite plus avec son mari, et que, malgré le silence de notre article, ces principes gouvernent également la responsabilité qu'il prononce.

ART. 8.

Les domestiques, ouvriers, voituriers ou autres subordonnés, seront à leur tour responsables de leur délit envers ceux qui les emploient.

C'est là un principe d'équité qu'on trouve reproduit dans les articles 206 du Code forestier et 74 de la loi sur la pêche.

Art. 9.

Les officiers municipaux veilleront généralement à la tranquillité, à la salubrité et à la sûreté des campagnes ; *ils seront tenus particulièrement de faire, au moins une fois par an, la visite des fours et cheminées*, de toutes maisons et de tous bâtiments éloignés de moins de cent toises d'autres habitations ; ces visites seront préalablement annoncées huit jours d'avance.

Après la visite, ils ordonneront la réparation ou démolition des fours et cheminées qui se trouveront dans un état de délabrement qui pourrait occasionner un incendie ou d'autres accidents ; *il pourra y avoir lieu à une amende*, au moins de six livres, et au plus de vingt-quatre livres.

L'article 3, titre XI, de la loi du 24 août 1790, contient l'énumération des objets confiés à la vigilance des maires, relativement à la tranquillité, à la salubrité et à la sûreté des campagnes. Il est ainsi conçu :

Les objets de police confiés à la vigilance et à l'autorité des corps municipaux sont :

1° Tout ce qui intéresse la sûreté et la commodité du passage dans les rues, quais, places et voies publiques ; ce qui comprend le nettoiement, l'illumination, l'enlèvement des encombrements, la démolition ou la réparation des bâtiments menaçant ruine, l'interdiction de ne rien exposer aux fenêtres ou autres parties des bâtiments qui puisse blesser ou endommager les passants, ou causer des exhalaisons nuisibles ;

2° Le soin de réprimer et punir les délits contre la tranquillité publique, tels que les rixes et disputes accompagnées d'ameutement dans les rues, le tumulte excité dans les lieux d'assemblée publique, les bruits et attroupements nocturnes qui troublent le repos des citoyens ;

3° Le maintien du bon ordre dans les endroits où il se fait de grands rassemblements d'hommes, tels que les foires, marchés, réjouissances et cérémonies publiques, spectacles, jeux, cafés, églises et autres lieux publics :

4° L'inspection sur la fidélité dés denrées qui se vendent au poids, à l'aune ou à la mesure, et sur la salubrité des comestibles exposés en vente publique;

5° Le soin de prévenir, par les précautions convenables, et celui de faire cesser, par la distribution des secours nécessaires, les accidents et fléaux calamiteux, tels que les incendies, les épidémies, les épizooties, en provoquant aussi, dans ces deux derniers cas, l'autorité des administrations de département et de district;

6° Le soin d'obvier ou de remédier aux événements fâcheux qui pourraient être occasionnés par les insensés ou les furieux laissés en liberté, et par la divagation des animaux malfaisants ou féroces.

Les maires ayant le soin de prévenir les incendies par des précautions convenables peuvent légalement défendre de couvrir en chaume les maisons des communes qu'ils administrent. (Cass., 9 août 1828.)

Ils seront tenus de faire au moins une fois par an, etc.

Il est d'un grand intérêt pour la sécurité des campagnes que les maires ou leurs adjoints soient obligés à des visites annuelles pour s'assurer de l'état des fours et des cheminées, et puissent ordonner leur réparation ou leur démolition, dans le cas où ils seraient délabrés ou tomberaient en ruine. Ils peuvent se faire accompagner par des maçons ou par des ramoneurs, afin de constater l'état des fours et cheminées.

Il pourra y avoir lieu à une amende.

Cette disposition est remplacée par le n° 1er de l'art. 471 du Code pénal, qui punit d'une amende depuis un franc jusqu'à cinq francs inclusivement, ceux qui auront négligé d'entretenir, réparer ou nettoyer les fours, cheminées ou usines où l'on fait usage du feu.

Bien que cet article ne parle pas de la démolition des cheminées, les maires n'en ont pas moins le droit de l'ordonner, en vertu de l'art. 9 que nous expliquons.

Art. 10.

Toute personne qui aura allumé du feu dans les champs, plus près que cinquante toises des maisons, bois, bruyères, vergers, haies, meules de grains, de paille ou de foin, sera condamnée à une amende égale à la valeur de douze journées de travail, et paiera en outre le dommage que le feu aura occasionné. Le délinquant pourra, de plus, suivant les circonstances, être condamné à la détention de la police municipale.

A la campagne, on est dans l'usage de détruire, à l'aide du feu, les herbes et les racines inutiles ou nuisibles, d'écobuer, c'est-à-dire d'écrouter la surface du sol et de brûler sur place les tranches de gazon ainsi enlevées, pour en faire un moyen de fertilisation ; ces travaux ne peuvent être entrepris qu'à une distance de cent mètres des maisons, bois et autres objets susceptibles d'être atteints par le feu.

D'autres dispositions sont intervenues sur le fait que prévoit et punit notre article :

L'article 434 du Code pénal porte, entre autres choses, ce qui suit :
« Quiconque aura volontairement mis le feu à des bois ou récoltes
» abattus ; soit que les bois soient en tas ou en cordes, et les récoltes
» en tas ou en meules, si ces objets ne lui appartiennent pas, sera puni
» des travaux forcés à temps ; celui qui aura communiqué l'incendie
» à l'un des objets énumérés audit article, en mettant volontairement
» le feu à des objets quelconques placés de manière à communiquer
» ledit incendie, sera puni de la même peine que s'il avait volontai-
» rement mis le feu à l'un desdits objets. »

L'article 458 du même Code est ainsi conçu :

« L'incendie des propriétés mobilières ou immobilières d'autrui, qui aura été causé par la vétusté ou le défaut soit de réparation, soit de nettoyage des fours, cheminées, forges, maisons ou usines prochaines, *ou par des feux allumés dans les champs, à moins de cent mè-*

tres des maisons, édifices, forêts, bruyères, bois, vergers, plantations, haies, meules, tas de grains, pailles, foins, fourrages, ou de tout autre dépôt de matières combustibles, ou par des feux ou lumières portés ou laissés sans précaution suffisante, ou par des pièces d'artifice allumées ou tirées par négligence ou imprudence, sera puni d'une amende de 50 francs au moins et de 500 francs au plus. »

Enfin l'article 148 du Code forestier dispose qu'il est défendu de porter ou allumer du feu dans l'intérieur et à la distance de deux cents mètres des bois et forêts, sous peine d'une amende de 20 à 100 francs ; sans préjudice, en cas d'incendie, des peines portées par le Code pénal, et de tous dommages-intérêts, s'il y a lieu.

Ainsi, la répression du délit prévu par notre article appartient au tribunal de police correctionnelle dans les trois cas suivants :

1° Lorsque la valeur de douze journées de travail dans le lieu où le délit a été commis, excède la somme de 15 francs, maximum des amendes de la compétence du tribunal de simple police ; 2° lorsque le feu a occasionné un incendie, fait qui tombe sous l'application de l'art. 458 du Code pénal ; 3° et lorsque le feu a été mis dans l'intérieur ou plus près de deux cents mètres des bois et forêts, ce qui constitue un délit punissable d'une amende de 20 à 100 francs, aux termes de l'art. 148 du Code forestier.

L'art. 458 du Code pénal, qui ne punit le fait dont il s'agit qu'autant qu'il en est résulté un incendie, a-t-il abrogé la disposition du Code rural que nous expliquons, laquelle atteint le simple fait d'avoir allumé du feu, bien qu'il n'en soit pas résulté d'incendie ?

Pour l'affirmative, M. Carnot dit que la matière qui nous occupe est aujourd'hui *réglée* par cet art. 458, et qu'on ne peut invoquer l'art. 484 du Code pénal, qui maintient les lois et règlements pour les matières non *réglées* par le même Code ; que l'application de notre art. 10, s'il était encore en vigueur, donnerait lieu à une quantité considérable de poursuites qui empêcherait les habitants des campagnes d'allumer des feux dont ils ont souvent besoin.

Pour la négative, on répond que notre article s'occupant du fait d'avoir allumé ou porté des feux, encore qu'il n'en soit résulté aucun incendie, et l'art. 458 ne statuant que sur le délit d'incendie qui résulte des feux allumés ou portés dans les champs, ce sont là deux faits différents, et conséquemment la matière *réglée* par l'art. 458 étant autre que celle qui est comprise dans les prescriptions de notre art. 10, cet article a continué de subsister, en vertu de l'art. 484 du Code pénal. On conçoit d'ailleurs de quel intérêt il est pour les campagnes, non-seulement de *punir* le fait d'incendie, mais aussi de le *prévenir;* or, tel est l'objet de l'art. 10. Enfin, la preuve qu'il n'a pas été abrogé par le Code pénal, c'est qu'il a été appliqué depuis par la Cour suprême, dans les termes suivants :

Vu l'art. 10, titre II de la loi du 6 octobre 1791, attendu que les dispositions de cet article sont générales et absolues; qu'elles comprennent tous les feux quelconques; que les écobuages sont des feux, et qu'ainsi ils sont compris dans la prohibition; qu'il n'est, d'ailleurs, point exact de dire que les écobuages ne jettent ni flammes ni étincelles; que l'expérience prouve le contraire; que l'usage de construire des écobuages, à moins de 50 toises des maisons, n'a pas même été allégué; attendu que l'usage, quelque ancien qu'il soit, ne peut jamais prévaloir sur l'autorité de la loi, ni établir un droit contre une prohibition qui est d'ordre public, et qui a pour objet de garantir les campagnes d'un fléau qui cause les plus funestes ravages. (Cass., 30 juin 1827; Rogron, Code rural.)

Si le feu avait été allumé à plus de 50 toises des maisons, bois, bruyères, vergers, etc., et qu'un dommage quelconque en fut résulté, celui qui aurait allumé le feu ne serait passible d'aucune peine, mais il devrait réparer le dommage causé, en vertu de l'art. 1382 du Code Napoléon.

ART. 11.

Celui qui achètera des bestiaux hors des foires et marchés sera tenu de les restituer gratuitement au propriétaire, en l'état où ils se trouveront, dans le cas où ils auraient été volés.

Cette disposition est modifiée par les articles 2279 et 2280 du Code Napoléon, qui sont ainsi conçus :

Article 2279. En fait de meubles, la possession vaut titre. Néanmoins, celui qui a perdu ou auquel il a été volé une chose, peut la revendiquer pendant trois ans, à compter du jour de la perte ou du vol, contre celui dans les mains duquel il la trouve; sauf à celui-ci son recours contre celui duquel il la tient.

Article 2280. Si le possesseur actuel de la chose volée ou perdue l'a achetée dans une foire ou dans un marché, ou dans une vente publique, ou d'un marchand vendant des choses pareilles, le propriétaire originaire ne peut se la faire rendre qu'en remboursant au possesseur le prix qu'elle lui a coûté.

D'après les deux articles qui précèdent, une action en revendication est accordée pendant trois ans au propriétaire des objets volés ou perdus, quoiqu'ils aient été achetés dans les foires et marchés, dans une vente publique ou d'un marchand vendant des choses pareilles ; mais alors, comme la bonne foi du possesseur ne peut être suspectée, la loi veut qu'il soit remboursé du prix que lui a coûté la chose que le propriétaire revendique, et c'est en quoi notre art. 11 se trouve modifié; mais il conserve toute sa force lorsque l'achat des bestiaux volés ou perdus a eu lieu hors des foires et marchés ou de vente publique, ou d'une personne non marchande de choses pareilles ; car, dans ces divers cas, il y a présomption de fraude, de collusion ou de recel de la part du possesseur, et le propriétaire a le droit de lui réclamer ses bestiaux sans être tenu de lui rien rembourser.

On ne peut assigner aucune cause d'où pourrait naître, de la part du propriétaire du troupeau volé, l'obligation de rendre au possesseur le prix qu'il a payé de cette chose. (Pothier, *Traité des Cheptels*).

Il en serait de même dans le cas où le propriétaire aurait été dépouillé de sa chose au moyen d'une escroquerie dont les résultats sont les mêmes que ceux du vol. (Cour de Paris, 13 janvier 1834).

Art. 12.

Les dégâts que les bestiaux de toute espèce laissés à l'abandon feront sur les propriétés d'autrui, soit dans un enclos rural, soit dans les champs ouverts, seront payés par les personnes qui ont la jouissance des bestiaux : si elles sont insolvables, ces dégâts seront payés par celles qui en ont la propriété. Le propriétaire qui éprouvera les dommages aura le droit de saisir les bestiaux, sous l'obligation de les faire conduire dans les vingt-quatre heures au lieu de dépôt qui sera désigné à cet effet par la municipalité.

Il sera satisfait aux dégâts par la vente des bestiaux, s'ils ne sont pas réclamés, ou si le dommage n'a point éte payé dans la huitaine du jour du délit.

Si ce sont des volailles, de quelque espèce que ce soit, qui causent le dommage, le propriétaire, le détenteur ou le fermier qui l'éprouvera pourra les tuer, mais seulement sur les lieux, au moment du dégât.

Des dispositions analogues à cet article existent dans le Code pénal. En effet, l'art. 471, n° 14, punit d'une amende de un à cinq francs ceux qui auront laissé passer leurs bestiaux ou leurs bêtes de trait, de charge ou de monture, sur le terrain d'autrui, avant l'enlèvement de la récolte. L'art. 475, n° 10, porte que ceux qui auraient fait ou laissé passer des bestiaux, animaux de trait, de charge ou de monture, sur le terrain d'autrui, ensemencé ou chargé d'une récolte, en quelque saison que ce soit, ou dans un bois taillis appartenant à autrui, seront punis d'amende depuis six francs jusqu'à dix francs inclusivement. L'art. 479, n° 10, rend passibles d'une amende de onze à quinze francs, ceux qui mèneront sur le terrain d'autrui des bestiaux, de quelque nature qu'ils soient, et notamment dans les prairies artificielles, dans les vignes, oseraies, dans les plants de câpriers, dans ceux d'oliviers, de mûriers, de grenadiers, d'orangers, et d'arbres du même genre, dans tous les plants ou pépinières d'arbres fruitiers ou autres, faits de main d'homme.

Comme on le voit, il existe une grande analogie entre les dispositions que nous venons de rappeler et l'art. 12 que nous examinons ; mais aucune d'elles n'a abrogé cet article, parce qu'aucune ne prévoit le cas d'abandon de bestiaux qu'il punit ; conséquemment il est encore en pleine vigueur.

La réparation des dégâts commis par les bestiaux laissés à l'abandon est due indépendamment de l'amende encourue, ou de la détention méritée, bien que notre article ne prononce aucune de ces peines; mais nous avons vu dans les explications qui suivent l'art. 3 du présent titre, qu'ici l'amende ne peut être au-dessous de la valeur de trois journées de travail, ou l'emprisonnement au-dessous de trois jours, en vertu de ce même art. 3 combiné avec les art. 600, 606 du Code des délits et des peines, et 2 de la loi du 23 thermidor an IV. C'est dans ce sens que la Cour suprême a décidé par arrêt du 21 novembre 1839.

La même Cour a décidé également, par arrêt du 26 août 1852, que les dégâts commis dans des récoltes par des chevaux laissés à l'abandon doivent être réprimés par application des art. 5 et 12 du Code rural et 2 de la loi du 23 thermidor an IV.

L'abandon de bestiaux autres que des chèvres sur le terrain d'autrui n'est un délit qu'autant qu'il y existe des productions susceptibles d'être endommagées, qu'il y existe, par exemple, des herbes, des graines, des pépinières ou autres plantes utiles, car notre article semble exiger qu'il y ait *eu dégâts*. Cependant un tribunal contrevient à sa disposition s'il n'applique pas de peine au fait consistant dans l'abandon d'une vache trouvée parcourant une pépinière de deux ans, sur le motif qu'il n'y a pas été commis de dommage. (Cass., 15 février 1811); s'il ne prononce aucune peine pour le fait d'abandon de porcs sur une terre ensemencée en blé. (*Id.*, 18 septembre 1829). Il suffit, pour l'application de la peine, que le terrain ait été susceptible d'être endommagé. (*Idem.*)

L'abandon d'un animal dans les propriétés d'autrui n'est un délit que dans le cas où il peut être imputé à la négligence du maître ou du gardien de l'animal; si l'un ou l'autre avait fait toutes ses diligences pour empêcher le dommage qui a été causé, l'abandon n'aurait pas le caractère de délit; le préjudice qui en serait résulté donnerait seulement lieu à une action en réparation de la part du propriétaire du fonds endommagé, et qu'il ne pourrait poursuivre que par la voie civile. La loi exige, en effet, que des bestiaux aient été *laissés* à l'abandon pour constituer un délit. L'abandon qui n'est pas le résultat de la négligence prend le nom d'*échappée*, qui se produit lorsque les animaux, effarouchés et animés par la piqûre des insectes dans une grande chaleur, se sont jetés dans l'héritage d'autrui; ou bien lorsque, se détachant du troupeau dont elles font partie et quittant le chemin qu'il suivait, des bêtes s'introduisent dans les propriétés voisines, sans que le pâtre ait pu s'y opposer. Dans l'un ou l'autre cas, le dommage causé doit être réparé par le propriétaire de l'animal ou le gardien (Art. 1383, Code Napoléon); mais ce fait n'est passible d'aucune peine. (Voir *le Précis sur la Police rurale*, par Lonchamp.)

Il a été décidé que, lorsque les bestiaux n'ont pénétré dans un champ qu'en franchissant de vive force les haies en bon état qui entouraient le pré parfaitement clos dans lequel ils étaient enfermés, ce fait constitue un cas de force majeure qui permet au juge de police de renvoyer des fins de la prévention le propriétaire de ces bestiaux. (Cass., 10 mars 1855.)

Le fait de l'abandon de bestiaux sur le terrain d'autrui ne peut être excusé sur le motif que la clôture de ce terrain était en mauvais état. (*Id.*, 28 mai 1841, 21 décembre 1845, 17 février 1855.)

Le propriétaire lésé a le droit de saisir les bestiaux et de les faire mettre en fourrière. A cet égard, le tarif du 11 juin 1811 contient les dispositions suivantes, qu'il n'est pas inutile de rapporter ici :

L'article 39 porte : Les animaux et tous objets périssables, pour quelque cause qu'ils aient été saisis, ne peuvent rester en fourrière ou sous le séquestre plus de huit jours. Après ce délai, la main levée provisoire du séquestre pourra être accordée. S'ils ne doivent ou ne peuvent être restitués, ils seront mis en vente, et les frais de fourrière seront prélevés sur le produit de la vente, par privilége et préférence à tous autres.

L'article 48 est ainsi conçu :

La main levée provisoire des animaux saisis et des objets périssables mis au séquestre est ordonnée par le juge de paix ou par le juge d'instruction, moyennant caution et paiement des frais de fourrière et de séquestre. Si lesdits objets doivent être vendus, la vente sera ordonnée par les mêmes magistrats. Cette vente sera faite à l'enchère, au marché le plus voisin, à la diligence de l'administration de l'enregistrement. Le jour de la vente sera indiquée par affiches, vingt-quatre heures à l'avance, à moins que la modicité de l'objet ne détermine le magistrat à en ordonner la vente sans formalités, ce qu'il exprimera dans son ordonnance. Le produit de la vente sera versé dans la caisse de l'administration de l'enregistrement, pour en être disposé ainsi qu'il en sera ordonné par le jugement définitif.

La mise en fourrière est une véritable saisie ; encore bien que cette saisie ne soit soumise à aucune formalité spéciale, elle n'en confère pas moins à la partie lésée un droit sur les animaux mis en fourrière, pour la réparation du préjudice souffert, et le détournement de ces animaux constitue le délit prévu et puni par l'art. 460 du Code pénal. (Bordeaux, 5 août 1845.)

Si ce sont des volailles, etc.

Ce paragraphe n'a pas, non plus que les précédents du même article, été abrogé par le Code pénal, où l'on ne trouve aucune disposition qui prévoie et punisse l'abandon de volailles. D'ailleurs, il a été jugé que ce fait est un délit rural puni par notre article. (Cass., 18 novembre 1824, 10 novembre 1836.)

L'abandon de volailles sur le terrain d'autrui est punissable, quand même il n'en serait résulté aucun dommage, parce que l'art. 12 dont nous nous occupons ne subordonne l'exercice de l'action publique ni à la circonstance d'un préjudice causé, ni à la provocation de la partie lésée. (*Id.*, 17 octobre 1857.)

S'il est constaté par des procès-verbaux distincts que les volailles se sont introduites au même moment dans plusieurs héritages appartenant à différents propriétaires, le tribunal de police doit infliger autant de fois la peine édictée par l'art. 2 de la loi du 23 thermidor an IV, qu'il y a eu de procès-verbaux rédigés. La prononciation d'une seule peine constitue une fausse application de la règle *non bis in idem*. (*Id.*, 26 mai 1854.)

Des pigeons peuvent-ils être compris dans la dénomination de bestiaux qu'emploie notre article, ou du moins dans celles de volailles ?

Non, sous la dénomination de bestiaux ne sont compris que des quadrupèdes domestiques ; ces expressions *bestiaux laissés à l'abandon* ne peuvent s'appliquer à des oiseaux tels que des pigeons, voués, en quelque sorte par la nature et par leur instinct à la divagation, et qui ne sont pas susceptibles d'être gardés à vue ; ils ne sauraient, par conséquent, être considérés comme laissés à l'abandon. Si les pigeons ne peuvent être rangés dans la classe des bestiaux dont parle l'art. 12, il n'est pas plus permis de les supposer compris dans le même article sous la dénomination de volailles, dénomination qui ne s'applique pas à d'autres animaux qu'aux oiseaux qu'on tient à l'état de domesticité et qu'on nourrit dans les basses-cours. (*Id.*, 6 octobre 1821.)

Pourra les tuer. La loi, quant aux volailles, substitue le droit de les tuer à la saisie des autres animaux, qu'elle autorise par les autres paragraphes du même article. (M. Rogron).

La faculté accordée au propriétaire des terres endommagées de tuer les volailles qui ont commis le dégât, mais seulement sur le lieu et au moment du délit, ne le fait point disparaître, et ne saurait, dès lors, affranchir le maître de ces animaux de la peine dont il entraîne contre lui l'application. (Cass., 8 septembre 1843).

Art. 13.

Les bestiaux morts seront enfouis, dans la journée, à quatre pieds de profondeur, par le propriétaire et dans son terrain, ou voiturés à l'endroit désigné par la municipalité, pour y être également enfouis, sous peine, par le délinquant, de payer une amende de la valeur *d'une journée de travail,* et les frais de transport et d'enfouissement.

D'une journée de travail. L'amende est au minimum de la valeur de trois journées de travail, en vertu de l'art. 2 de la loi du 23 thermidor an IV.

Cette disposition est indépendante de celles que l'autorité municipale a le droit de prescrire dans l'intérêt de la salubrité publique.

Art. 14.

Ceux qui détruiront les greffes des arbres fruitiers ou autres, et ceux qui écorceront ou couperont en tout ou en partie des arbres sur pied, qui ne leur appartiendront pas, seront condamnés à une amende double du dédommagement dû au propriétaire et à une détention de police correctionnelle qui ne pourra excéder six mois.

Cette disposition a été modifiée par les articles du Code pénal que nous allons transcrire.

L'article 445 est ainsi conçu : Quiconque aura abattu un ou plusieurs arbres qu'il savait appartenir à autrui sera puni d'un emprisonnement qui ne sera pas au-dessous de six jours ni au-dessus de six mois, à raison de chaque arbre, sans que la totalité puisse excéder cinq ans.

L'article 446 porte : Les peines seront les mêmes à raison de chaque arbre mutilé, coupé ou écorcé *de manière à le faire périr.*

L'article 447 déclare que s'il y a eu *destruction* d'une ou plusieurs greffes, l'emprisonnement sera de six jours à deux mois, à raison de chaque greffe, sans que la totalité puisse excéder deux ans.

L'article 448 dit que le minimum de la peine sera de vingt jours dans les cas prévus par les articles 445 et 446, et de dix jours dans le cas prévu par l'art. 447, si les arbres étaient plantés sur les places, routes, chemins, rues ou voies publiques, vicinales ou de traverse.

Plusieurs auteurs pensent que notre article est abrogé et remplacé par les articles 446 et 447 qui précèdent : c'est une erreur; il est seulement modifié dans le sens déterminé par un arrêt de la Cour de Besançon, rendu le 24 janvier 1857, dans l'espèce suivante : Des individus avaient mutilé neuf sapins et deux platanes, en les perçant avec une tarière; ils ont été traduits en justice pour être condamnés aux peines portées par l'art. 14 de la loi du 6 octobre 1791. Dans leur défense, ils ont soutenu que cet article avait été abrogé par la disposition de l'art. 484 du Code pénal; mais ce moyen a été rejeté par la Cour de Besançon, par les motifs que cet art. 14 punit ceux qui écorceront ou couperont en tout ou en partie des arbres sur pied ; que cette disposition comprend non-seulement l'abattage des arbres et les mutilations *de nature à les faire périr, mais encore les dégradations qui ne sont pas de nature à produire cet effet ; que le Code pénal, dans ses articles 445 et 446, ne s'est occupé que de la destruction totale des arbres ; qu'il garde un silence complet sur les mutilations qui ne sont pas de nature à les faire périr, mais qu'on ne saurait conclure de ce silence qu'il ait entendu abroger dans son* intégrité l'article 14, *et laisser sans autre moyen de répression qu'une action civile en dommages-intérêts un genre de délits fréquents dans les campagnes, toujours grave par le caractère de méchanceté qui l'accompagne*, quelquefois presque aussi dommageable dans ses effets que si les arbres eussent été entièrement abattus, et réprimé d'ailleurs par le Code forestier, lorsqu'il s'attaque aux arbres des bois et forêts.

Lorsque les arbres abattus ou mutilés étaient plantés non dans un champ ou dans des pépinières, mais dans des bois et forêts, le fait délictueux est punissable par le Code forestier.

C'est ce Code qui est applicable, et non le Code pénal, à l'individu déclaré coupable d'avoir abattu cinq petites plantes de chêne dans un bois communal, et à celui qui a frauduleusement enlevé une quantité considérable de fagots et dix-neuf tiges de jeunes chênes dans les bois d'autrui. (Lonchamp).

Le Code rural ni le Code pénal ne se sont point occupés du délit d'arracher des arbres ou arbustes. Il est punissable comme le maraudage lorsqu'il a été exécuté sur des racines ou souches mortes, et comme le délit de coupes et de mutilation d'arbres s'il l'a été sur des souches vivantes. (Voyez M. Cappeau, *de la Législation Rurale*, et les articles 195 et 196 du Code forestier).

ART. 15.

Personne ne pourra inonder l'héritage de son voisin, ni lui transmettre volontairement les eaux d'une manière nuisible, sous peine de payer le dommage et une amende qui ne pourra excéder la somme du dédommagement.

Cet article, qui est encore en vigueur, contient deux dispositions prohibitives : il défend d'abord d'une manière générale d'inonder l'héritage de son voisin, et cette défense s'applique à toute espèce d'inondations sur lesquelles il n'est point disposé spécialement et quels qu'en aient été les moyens. Ensuite, il défend de transmettre ses eaux à l'héritage de son voisin d'une manière nuisible. La différence qui existe entre ces deux prohibitions, c'est que *l'inondation* est toujours punissable, peu importe qu'elle ait eu lieu par négligence, volontairement ou involontairement. Au contraire, pour que notre article puisse atteindre et réprimer la *transmission* des eaux sur les héritages voisins, il faut qu'elle soit faite *volontairement et avec le dessein de nuire*, soit en détournant les eaux de leur cours naturel, ou auquel on aurait fait produire des effets nuisibles par des moyens quelconques. (Cass. 23 janvier 1819, 15 janvier 1823).

L'infraction aux deux prohibitions portées par notre article est punie d'une amende qui peut être élevée jusqu'à la somme du dédommagement. Or, comme cette somme est indéterminée, l'infraction constitue un délit de la compétence de la juridiction correctionnelle ; mais si le dommage est connu par l'évaluation qui en a été faite dans la demande ou dans le procès-verbal constatant le délit, et que son importance, qui doit servir de base à l'amende, n'excède pas 15 francs, c'est le tribunal de police qui doit en connaître.

Le curage d'un cours d'eau, opéré d'aval en amont et qui a pour effet d'aggraver les incommodités inhérentes à cette opération pour les établissements industriels placés plus bas, constitue une contravention à notre article. (Cass. 11 mars 1854). Et le jugement de police qui condamne l'auteur du fait à 15 francs d'amende et à pareille somme de dommages-intérêts fait une juste application de cet article (même arrêt).

Mais cette disposition ne peut atteindre le fait d'avoir, dans une rue, établi un batardeau en fumier, pour repousser l'eau de la pluie qui tombait dans la cour d'un voisin, parce que ce fait tombe sous le coup de l'article 471, n° 4 du Code pénal. (Cass. 25 avril 1834).

Art. 16.

Les propriétaires ou fermiers des moulins construits ou à construire seront garants de tous dommages que les eaux pourraient causer aux chemins ou aux propriétés voisines, par la trop grande élévation du déversoir, ou autrement. Ils seront forcés de tenir les eaux à une hauteur qui ne nuise à personne, et qui sera fixée par le directoire du département (le Préfet), d'après l'avis du directoire de district (le Sous-Préfet). En cas de contravention, la peine sera une amende qui ne pourra excéder la somme du dédommagement.

Cette disposition a été abrogée par l'article 457 du Code pénal, ainsi conçu :

« Seront punis d'une amende qui ne pourra excéder le quart des » restitutions et des dommages-intérêts, ni être au-dessus de cinquante » francs, les propriétaires ou fermiers, ou toute personne jouissant de » moulins, usines ou étangs, qui, par l'élévation du déversoir de leurs » eaux au-dessus de la hauteur *déterminée* par l'autorité compétente, » auront inondé les chemins ou les propriétés d'autrui.

» S'il est résulté du fait quelques dégradations, la peine sera, outre » l'amende, un emprisonnement de six jours à un mois.

D'après cet article, les tribunaux correctionnels sont exclusivement compétents lorsque les inondations ont été causées par la violation des règlements administratifs qui ont fixé la hauteur des déversoirs; mais si les inondations avaient eu lieu sans que ces règlements eussent été violés, on resterait dans la règle générale établie par l'article 15 qui précède, et le tribunal de simple police serait compétent pour prononcer une amende égale à la valeur du dommage si cette valeur n'excédait pas la somme de 15 francs. (Bost).

L'article 16 que nous expliquons contient une disposition particulière relative aux propriétaires de moulins et usines qui, en les soumettant à une responsabilité spéciale dans le cas où l'autorité administrative avait réglé les eaux dont ils se servaient, ne les exemptait pas des peines portées par l'article 15, lorsque l'autorité compétente n'était pas intervenue pour ce règlement, et quand ils avaient volontairement inondé le voisin et lui avaient porté un préjudice par la transmission volontaire de leurs eaux. L'article 457 du Code pénal a remplacé l'article 16 et en a étendu la disposition aux propriétaires des étangs; mais il a laissé les uns et les autres sous l'empire de l'article 15, dans tous les cas où ils nuisent volontairement aux héritages voisins, soit en les inondant, soit en leur transmettant les eaux d'une manière dommageable. (Cass. 6 novembre 1824).

Un auteur recommandable, M. Vuatiné, pense que quand les eaux ont été tenues à un niveau plus élevé que celui fixé par l'arrêté du Préfet, et qu'il n'en est résulté qu'une privation d'eau momentanée pour les usines inférieures, cas qui n'est pas prévu par le Code pénal, le tribunal de police peut connaître de l'infraction commise à l'arrêté préfectoral, si le dommage causé n'excède pas 15 francs. Le fait, ajoute le même auteur, constituerait un délit de grande voirie de la compétence du conseil de préfecture, s'il avait lieu sur un cours d'eau navigable ou flottable.

ART. 17.

Il est défendu à toute personne *de recombler les fossés, de dégrader les clôtures, de couper des branches de haies vives*, d'enlever des bois secs des haies, sous peine d'une amende de la valeur de trois journées de travail. Le dédommagement sera payé au propriétaire ; et, suivant la gravité des circonstances, la détention pourra avoir lieu, mais au plus pour un mois.

La première partie de cette disposition est abrogée par l'article 456 du Code pénal que nous devons faire connaître ; il est ainsi conçu :

« Quiconque aura, en tout ou en partie, *comblé des fossés, dé-*
» *truit des clôtures*, de quelques matériaux qu'elles soient faites,
» *coupé ou arraché des haies vives ou sèches*, quiconque aura dé-
» placé ou supprimé des bornes, ou pieds corniers, ou autres arbres
» plantés ou reconnus pour établir les limites entre différents héritages,
» sera puni d'un emprisonnement qui ne pourra être au-dessous d'un
» mois ni excéder une année, et d'une amende égale au quart des
» restitutions et des dommages-intérêts, qui, dans aucun cas, ne
» pourra être au-dessous de cinquante francs. »

Si nous décomposons ces deux articles en les comparant l'un à l'autre, nous verrons aisément que la première partie seulement de l'article 17 est abrogée par l'article 456, et que le surplus est encore en vigueur.

En effet, le fait d'avoir *recomblé les fossés*, défendu par l'article 17, est prévu et plus sévèrement puni par l'article 456; d'où il suit que cette première disposition de l'article 17 est abrogée.

De dégrader les clôtures;

Des clôtures peuvent être *dégradées* ou légèrement *endommagées*, sans qu'il soit permis de les considérer comme *détruites;* sous ce rapport l'article 17 est encore en vigueur. D'ailleurs, il eût été trop rigoureux de punir d'un mois à un an de prison le fait d'avoir déterrioré ou endommagé quelque peu une haie vive ou sèche, fait qui est suffisamment réprimé par l'article 17, ainsi que l'a décidé la Cour de Poitiers par arrêt en date du 15 décembre 1830.

Mais si le délit était assez grave pour qu'il eût opéré la *destruction totale* ou *partielle* de la haie, il tomberait sous l'application de l'article 456, qui prévoit et punit ce fait.

De couper des branches de haies vives.

L'article 456 réprime le fait d'avoir *coupé ou arraché des haies vives ou sèches.* Or, il n'est pas possible de confondre ce délit avec celui qui consiste simplement à *couper des branches de haies vives et enlever des bois secs des haies,* et que prévoit l'article 17; dans le premier cas, en effet, il y a *destruction* de la haie en la *coupant* ou en *l'arrachant;* dans le second cas, il y a *détérioration* de la haie pour en avoir *coupé* des branches ou *enlevé* des bois secs; mais cette haie n'en continue pas moins de subsister; elle est seulement dégradée, et c'est cette dégradation qui fait l'objet de l'article 17 que nous expliquons.

Au surplus, on doit désirer voir maintenir cette disposition pour réprimer les maraudages qui se commettent fréquemment sur les haies vives ou sèches et les palissades, surtout dans la saison d'hiver; ces méfaits n'ont pas assez de gravité pour être punis de la peine portée par l'article 456 du Code pénal.

Art. 18.

Dans les lieux qui ne sont sujets ni au parcours ni

à la vaine pâture, pour toute chèvre qui sera trouvée sur l'héritage d'autrui contre le gré du propriétaire de l'héritage, il sera payé une amende de la valeur d'une journée de travail par le propriétaire de la chèvre.

Dans le pays de parcours ou de vaine pâture, où les chèvres ne sont pas rassemblées et conduites en troupeau commun, celui qui aura des animaux de cette espèce ne pourra les mener aux champs qu'attachées, sous peine d'une amende de la valeur d'une journée de travail par tête d'animal.

En quelque circonstance que ce soit, lorsqu'elles auront fait du dommage aux arbres fruitiers ou autres, haies, vignes, jardins, l'amende sera double, sans préjudice du dédommagement dû au propriétaire.

Le législateur a pris un soin tout particulier de protéger, contre la dent meurtrière des chèvres, les champs plantés d'arbres et d'arbustes, ainsi que les bois et forêts. Tel est l'objet de la disposition qui précède. Le Code forestier, dans ses articles 78, 110 et 199, porte également défense d'introduire des chèvres, brebis ou moutons, dans les forêts, sur les terrains qui en dépendent ou dans les bois des communes ou appartenant à des établissements publics, sous les peines déterminées par ces articles.

La peine encourue pour la contravention prévue par notre article est l'amende de la valeur de trois journées de travail, d'après l'article 2 de la loi du 25 thermidor an IV, amende qui est doublée lorsque le dommage porte sur les arbres fruitiers ou autres, sur les haies, vignes ou jardins.

Art. 19.

Les propriétaires ou les fermiers d'un même canton

ne pourront se coaliser pour faire baisser ou fixer à vil prix la journée des ouvriers ou les gages des domestiques, sous peine d'une amende du quart de la contribution mobilière des délinquants, et même de la détention de police municipale, s'il y a lieu.

Art. 20.

Les moissonneurs, les domestiques et ouvriers de la campagne ne peuvent se liguer entre eux pour faire hausser et déterminer le prix des gages ou les salaires, sous peine d'une amende qui ne pourra excéder la valeur de douze journées de travail, et, en outre, de la détention de police municipale.

Ces deux articles ont été abrogés par la loi du 25 mai 1864, ainsi conçu :

Article 1er. Les articles 414, 415 et 416 du Code pénal sont abrogés. Ils sont remplacés par les articles suivants :

Article 414. « Sera puni d'un emprisonnement de six jours à trois ans et d'une amende de 16 francs à 5,000 francs, ou de l'une de ces deux peines seulement, quiconque, à l'aide de violences, voies de fait, menaces ou manœuvres frauduleuses, aura amené ou maintenu, tenté d'amener ou de maintenir une cessation concertée de travail, dans le but de forcer la hausse ou la baisse des salaires ou de porter atteinte au libre exercice de l'industrie ou du travail. »

Article 415. « Lorsque les faits punis par l'article précédent auront été commis par suite d'un plan concerté, les coupables pourront être mis, par l'arrêt ou le jugement, sous la surveillance de la haute police pendant deux ans au moins et cinq ans au plus. »

Article 416. « Seront punis d'un emprisonnement de six jours à trois mois et d'une amende de seize à trois cents francs, ou de l'une de ces deux peines seulement, tous ouvriers, patrons et entrepreneurs d'ouvrage qui, à l'aide d'amendes, défenses, proscriptions, interdictions prononcées par suite d'un plan concerté, auront porté atteinte au libre exercice de l'industrie ou du travail. »

Article 2. Les articles 414, 415 et 416 ci-dessus sont applicables aux propriétaires et fermiers, ainsi qu'aux moissonneurs, domestiques et ouvriers de la campagne.

Les articles 19 et 20 du titre 2 de la loi des 28 septembre et 6 octobre 1791 sont abrogés.

ART. 21.

Les glaneurs, les râteleurs et grapilleurs, dans les lieux où les usages de glaner, de râteler ou de grapiller sont reçus, n'entreront dans les champs, prés et vignes récoltés ou ouverts, qu'après l'enlèvement entier des fruits. En cas de contravention, les produits du glanage, du râtelage et du grapillage seront confisqués, et, suivant les circonstances, il pourra y avoir lieu à la détention de police municipale. Le glanage, râtelage et grapillage seront interdits dans tout enclos rural.

Le *glanage* est le droit, encore maintenu aujourd'hui par l'usage, en certains lieux, de ramasser dans les champs ouverts, appartenant à autrui, les épis oubliés par les moissonneurs.

Le *grapillage* consiste à cueillir dans les vignes les raisins qui y ont été laissés après la vendange.

Le *râtelage* a pour objet de réunir avec un râteau les herbages et les foins abandonnés dans les prés après l'enlèvement de la récolte.

Le glanage est un reste des anciennes mœurs, une tradition biblique. Ce qui le défend mieux aujourd'hui, dit M. Dalloz, contre les critiques des nouvelles écoles, c'est peut-être encore le souvenir de Ruth et de Booz.

Pour justifier cet usage, nous ne trouvons rien de plus touchant que les textes suivants du Lévitique et du Deutéronome :

« Quand vous recueillerez la moisson de votre terre, vous ne cou-
» perez pas le blé jusqu'au sol et vous ne ramasserez point les épis
» oubliés; mais vous les laisserez pour les pauvres et les étrangers.
» (Lév. ch. 23, v. 22).

» Lorsque vous aurez coupé vos moissons dans votre champ et que
» vous y aurez oublié une gerbe, vous ne retournerez point pour l'em-
» porter; mais vous la laisserez à l'étranger, à l'horphelin, à la veuve,
» afin que le Seigneur votre Dieu vous bénisse dans toutes les œuvres
» de vos mains. (Deut. ch. 24, v. 19).

» Quand vous aurez recueilli les fruits des oliviers, vous ne revien-
» drez point pour cueillir ce qui sera resté sur les arbres; mais vous le
» laisserez pour l'étranger, pour l'horphelin et pour la veuve. (Id. v. 20).

» Quand vous aurez vendangé votre vigne, vous ne cueillerez pas le
» raisin qui y sera resté; mais vous le laisserez pour l'étranger, pour
» l'horphelin et pour la veuve. (Id. v. 21). »

La même douceur respire dans cette ordonnance du bon roi saint Louis, qui défendait d'introduire les bestiaux dans les champs moissonnés, si ce n'était trois jours après l'enlèvement de la récolte, *afin que les pauvres membres de Dieu y pussent avoir glanaison.* « Que nul ne souffre mettre bêtes en éteules en autrui bled jusqu'au » tiers jour de la runaison. » (Arrêts de Parlements).

Nos coutumes reproduisent ces prescriptions d'une si tendre charité. Mais ces pieuses recommandations n'étaient pas toujours respectées ; il arrivait que les laboureurs, oubliant que, par la loi de Dieu même, ce qui reste ainsi dans chaque champ après la moisson est le bien des pauvres, que c'est la petite portion que la divine Providence leur a destinée, faisaient suivre par leurs bestiaux les moissonneurs immédiatement; en sorte que les pauvres en y entrant ensuite n'y trouvaient plus rien à glaner.

En même temps qu'ils protégeaient l'usage innocent du glanage, les édits et règlements s'efforçaient de réprimer les abus dont il était le prétexte ou l'occasion. Ces abus étaient fort graves. Sous prétexte de glaner, on volait impunément dans la campagne les grains qui étaient ramassés en javelles ou en gerbes. Les arrêts en cette matière étaient d'une sévérité excessive ; un arrêt du Parlement de Paris, du 23 janvier 1731, condamne dix femmes à être battues et fustigées de verges, flétries d'un fer chaud, avec écriteau portant ces mots : voleuses de grains pendant la moisson, sous prétexte de glaner.

Par un autre arrêt du 17 juin 1760, le Parlement de Dijon condamne plusieurs individus, convaincus d'avoir glané et volé des grains moissonnés et non moissonnés en coupant des épis, au carcan pendant trois marchés consécutifs, l'espace de quatre heures, ayant des écriteaux portant : glaneurs et voleurs de grains dans les champs.

Il n'était permis de glaner qu'à ceux qui ne pouvaient s'employer utilement à d'autres travaux. Les hommes et femmes valides devaient prêter à salaires raisonnables leurs bras pour la moisson ; le glanage n'était permis qu'aux petits enfants ou autres personnes n'ayant pouvoir ni force de scier, qu'aux gens vieux et débilités de membres. (Edit de Henri II, du 2 novembre 1554).

Il leur était interdit de se servir, pour glaner dans les prairies et dans les terres ensemencées en luzernes, trèfles, bourgognes, sainfoins et autres herbes de cette nature, de râteaux ayant dents de fer.

En 1789, quelques voix s'élevèrent pour demander la suppression du glanage comme contraire à l'agriculture ; mais l'assemblée nationale recommanda aux assemblées administratives de porter un regard attentif sur le glanage, *patrimoine du pauvre*.

La loi du 6 octobre 1791, dans l'article 21 que nous expliquons, le maintint dans les lieux où l'usage en était établi, sans l'imposer ailleurs. Elle rappela les conditions auxquelles la sagesse des coutumes et des anciens édits l'avaient soumis, en l'interdisant d'une manière absolue dans tout enclos rural. En même temps, elle en protégeait l'exercice, par son article 22, contre l'impatience des propriétaires ou l'indifférence des bergers, en faisant défense de mener les troupeaux dans les champs immédiatement après la moisson.

Tel était l'état de la législation sur le glanage lorsque fut promulgué le code pénal de 1810. Ce code considère le glanage comme existant et se contente d'en punir l'abus. L'article 471, n° 10, porte en effet ce qui suit : « Seront punis d'une amende, depuis un franc jusqu'à » cinq francs inclusivement, ceux qui, sans autres circonstances, au- » ront glané, râtelé ou grapillé dans les champs non encore entière-

» ment dépouillés et vidés de leurs récoltes, ou avant le moment du
» lever ou après le coucher du soleil. »

L'article 473 du même Code donne au juge de police la faculté de
prononcer un emprisonnement jusqu'à trois jours contre ceux qui auront glané, râtelé ou grapillé en contravention au n° 10 de l'article 471.

Notre article 21 est-il encore en vigueur ?

Il faut distinguer : il est évident que la première partie en est
abrogée par le n° 10 de l'article 471 du Code pénal, qui la remplace.
La seconde, celle qui est relative à la confiscation des produits du glanage, du râtelage et du grapillage, l'est également par l'article 470 du
même Code, qui ne permet d'appliquer cette peine accessoire que dans
les cas déterminés par la loi. Or, l'article 471, n° 10, ne prononçant
pas la confiscation contre les délinquants, il faut en conclure que
ceux-ci ont le droit de conserver les glanes, les fruits et les herbages
ou foins qu'ils ont recueillis, sauf au propriétaire à se les faire adjuger
à titre d'indemnité.

Mais il n'en est pas ainsi de la défense faite par notre article de
glaner dans un enclos rural, et de la restriction qu'il met à l'exercice
du glanage seulement dans les lieux où l'usage en était reçu. Le Code
pénal n'a point entendu innover à cet égard ; il punit le glanage même
autorisé par l'usage des lieux, même dans les champs ouverts, si ces
champs ne sont pas entièrement dépouillés ou si l'on y glane avant le
lever ou après le coucher du soleil, ce que notre article n'exige pas.
Mais les conditions que ne rappelle pas la loi nouvelle, elle les suppose,
et ce qu'elle dit s'applique au glanage tel qu'il était pratiqué dans notre
droit et nos usages. Il faut donc, avant tout, que l'usage autorise
le glanage dans la localité où l'on a prétendu l'exercer, et qu'on ne se
soit point introduit pour glaner dans un enclos. Bien que notre article
ne prononce aucune peine pour la répression de cette infraction, celle
qui est encourue est une amende de la valeur de trois journées de travail ou de trois jours d'emprisonnement. (Art. 3, titre 2 de la loi du
6 octobre 1791, et 2 de la loi du 23 thermidor an IV).

Les anciens édits sur le glanage subsistent-ils encore dans celles de
leurs dispositions qui sont relatives à des cas sur lesquels la loi de 1791
et le Code pénal ne se sont pas expliqués (râtelage avec râteaux à dents
de fer) ? Oui. (Cass. 23 décembre 1818).

Il a été jugé pareillement : 1° que l'article 471 a laissé le glanage sous l'empire de la loi restrictive qui le régissait lors de sa promulgation; qu'en conséquence l'arrêté d'un maire, portant que nul ne pourra se livrer au glanage sans en avoir l'autorisation écrite qui ne sera délivrée qu'aux personnes indigentes, n'ayant pour but que d'assurer l'exécution de l'article 10 de l'édit de 1554, encore en vigueur, lequel ne permet de se livrer au glanage qu'aux gens *viels et débilitez de membres, petits enfants ou autres personnes qui n'ont pouvoir ni force de soyer,* est légal et obligatoire. (Id. 10 juin 1843).

2° Que les anciens règlements qui ne permettent le glanage qu'aux gens pauvres et hors d'état de travailler pendant la moisson, n'ont point été abrogés par le Code pénal. (Id. 8 octobre 1840).

Autrefois, le glanage était autorisé dès que les gerbes étaient liées et réunies en tas. D'après notre article et le Code pénal, il n'est permis, indépendamment de toute autre condition, que dans les champs entièrement dépouillés et vidés de leurs récoltes. En conséquence, il y a contravention quand le glanage a eu lieu dans un champ ouvert, avant que la récolte ne fut entièrement enlevée, quand bien même le propriétaire aurait accordé la permission de s'introduire dans ce champ. (Id. 5 septembre 1835, 6 novembre 1857).

Mais il n'y a pas contravention punissable de la part du propriétaire ou des personnes employées par lui, pour avoir ramassé, avant l'enlèvement des récoltes et à toute heure, les épis échappés aux moissonneurs. Ce n'est qu'après avoir ainsi épuisé son droit que commence celui du pauvre et de l'aumône de la loi. (Id. 28 janvier 1820, 5 septembre 1835, 19 octobre 1836).

On ne commet point de contravention lorsque le terrain sur lequel on exerce le glanage est dépouillé de sa récolte, alors même que les champs voisins seraient encore couverts de la leur. (Carnot). Cette opinion est contredite, ainsi que nous le verrons dans le commentaire de l'article suivant.

Le propriétaire qui a fait glaner avec des râteaux à dents de fer dans son champ avant qu'il fut entièrement dépouillé de sa récolte, n'est passible d'aucune peine, cet usage ne lui étant interdit par aucune loi. (Cass. 20 octobre 1841, 9 décembre 1859).

Quoique le bénéfice du glanage soit appuyé sur une possession de plusieurs siècles et qu'il ait formé jusqu'à présent le droit commun de la France, il n'en est pas moins devenu l'objet d'une vive controverse.

Nous ne pouvons passer sous silence les observations des commissions consultatives, sur le projet du Code rural proposé au Gouvernement. D'abord le droit de glanage y est présenté comme une atteinte à la propriété qui n'est pas justifiée par des considérations d'intérêt général. En second lieu le propriétaire perd une portion de récolte qui eût servi à la nourriture de ses bestiaux ou dont il eût disposé à son gré. Si cet usage est consacré, il ne peut, aussitôt qu'il le veut, labourer son champ pour y semer des sarrasins, des navets ou légumes qui se recueillent en automne, ni profiter du reste d'humidité indispensable à la germination de ces graines. Il voit détruire par une bande de glaneurs trèfle, luzerne, sainfoin, carottes, etc., qu'il a semés dans le blé et dont les tiges encore tendus sont écrasées sous les pieds; les champs sont livrés au pillage et tous les règlements possibles n'arrêteraient point des gens qui, se croyant le droit de ramasser les épis laissés sur le sol, sont bien tentés de l'étendre, et l'étendent en effet, à ceux qui sont réunis en gerbes, qu'il est d'usage dans différents pays de laisser ammoncelées pendant plus ou moins de temps et que d'autres causes ne permettent pas de mettre en sûreté de suite. Les frais de moissons s'accroissent par la rareté des bras, car plusieurs hommes et toutes les femmes préfèrent le travail indépendant du glanage, moins pénible que la moisson et qui n'est lucratif qu'à cause des vols. La récolte, exposée faute de bras pendant trop longtemps aux accidents de tout genre, diminue donc sensiblement. Il suffit de parcourir les pays à blé pour voir combien cette raison a de force. Il est hors de doute que la défense de glaner doit faciliter extrêmement la rentrée des récoltes. Dans le cas contraire, les moissonneurs qui savent que leurs femmes et leurs enfants glanent sur leurs pas, se permettent aussi presque toujours de grossir leur part au préjudice de celle du maître. Le glanage est donc funeste aux propriétaires et leur fait éprouver des pertes et des vexations. Il est une véritable atteinte aux droits de propriété. Il tend à décourager la culture du blé et, par là même, il est nuisible au peuple, dont l'intérêt est de voir le blé abondant. Le glanage n'est point un droit; ce qui le prouve, c'est qu'il est permis à chacun de s'y soustraire en environnant ses champs de clôtures. Chacun peut donc l'anéantir à son gré, ainsi qu'on le fait dans divers pays. D'ailleurs cet usage cause réellement plus de préjudice au peuple que d'avantage. Les produits en sont très-modiques, surtout dans les pays où existe l'usage de faucher le blé, et il rendrait bien moins encore si seulement les enfants d'un certain âge, les vieillards et les invalides s'y livraient, comme le prescrivent exclusivement les règlements ; et, sous ces rapports mêmes, quels inconvénients n'a-t-il pas ? Il donne l'habitude du vol, à laquelle se joint l'inclination de la paresse attachée à un travail indépendant.

Le grapillage est aussi attaqué, parce qu'il n'offre pas moins d'inconvénients que le glanage. Il donne lieu au pillage des échalas et à la mutilation des souches ; il ne produit que des grappes vertes ou pourries, dédaignées par les vendangeurs et funestes à la santé.

Il existe un autre usage qui ouvre aux étrangers l'accès d'un champ dépouillé de sa récolte, c'est le chaumage. Il a la même origine et il est fondé sur le même droit que le glanage. Le chaumage, ou extraction du chaume, c'est-à-dire de la portion qui reste attachée à la terre après la coupe des grains et qui est réservée aux pauvres du voisinage, est réprouvé par plusieurs personnes. Les motifs allégués contre cet usage peuvent se réduire à ceux-ci : L'usage d'enlever les chaumes après la récolte n'existe que dans un petit nombre de départements. Il est regardé partout comme un tort fait à l'agriculture et comme une source d'abus. Il est certain que la terre est privée, par cet enlèvement, d'un engrais précieux. Le chaume est considéré comme le conservateur naturel des prairies artificielles, que l'on sème en même temps que les grains dont il protège la pousse.

A l'objection que le chaume est nécessaire à l'indigent, soit pour couvrir sa maison, soit pour suppléer aux autres combustibles trop chers, on a répondu que ces ressources peuvent lui être accordées par les propriétaires, qui restent les maîtres de faire de leur chaume ce que bon leur semblera, et que l'abolition du chaumage engagerait ceux qui en profitent à couvrir leurs maisons avec des matériaux moins dangereux.

Nous ajouterons que, dans un grand nombre de localités, l'autorité préfectorale, frappée des graves inconvénients qui résultent des couvertures en chaume, prend des arrêtés pour les proscrire.

Nous demandons grâce au lecteur de la longueur des explications qui précèdent. Il nous a semblé qu'elles pouvaient avoir quelque intérêt, une certaine utilité pour les cultivateurs et ceux qui se livrent au glanage : c'est là notre excuse.

ART. **22.**

Dans les lieux de parcours ou de vaine pâture, comme dans ceux où les usages ne sont point établis, les pâtres et les bergers ne pourront mener les troupeaux d'aucune espèce *dans les champs moissonnés et ouverts, que deux jours après la récolte entière,* sous peine d'une amende de la valeur *d'une journée de travail; l'amende sera double,* si les bestiaux d'autrui ont pénétré dans un enclos rural.

Dans les champs moissonnés, etc.

Cette disposition a eu pour but de permettre au propriétaire de faire sa récolte, sans craindre que les bestiaux n'y portassent atteinte par leur introduction prématurée dans le champ moissonné, et, en outre, de donner aux pauvres le temps de profiter du glanage.

D'une journée de travail; la peine est aujourd'hui de la valeur de trois journées de travail, ou de trois jours d'emprisonnement. (Article 2 de la loi du 23 thermidor an IV).

L'amende sera double, etc., c'est-à-dire de la valeur de six journées de travail.

La défense que renferme notre article est générale et absolue; elle s'applique aussi bien aux propriétaires qu'à tous les pâtres et bergers; aux prés comme aux champs moissonnés; aux terres où l'on fait du fourrage comme à celles où l'on a recueilli du blé. (Cass. 18 octobre 1817, 19 octobre 1836).

Toutefois, si un propriétaire ne peut livrer au parcours son propre fonds dans les deux jours qui suivent l'entier enlèvement de sa récolte, il lui est permis de la rendre aussi parfaite qu'il le veut; il peut, après avoir rassemblé les javelles de son champ et avoir fait râteler, recueillir les épis qui pourraient encore s'y trouver épars. (Id. 28 janvier 1820). Il a ce pouvoir tant que son champ n'est pas dépouillé de ses productions, tant qu'il n'est pas ouvert à l'exercice du glanage : par ce fait, il ne glane point; il ne fait que recueillir les fruits qui lui appartiennent et que la loi laisse encore à sa disposition. (Id.)

L'introduction des bestiaux n'est permise que deux jours après l'enlèvement de la récolte entière, non seulement d'un champ qu'on veut livrer au pâturage, mais encore de celle des fonds qui l'environnent. (Id. 13 janvier 1844).

Ce délai de deux jours doit être franc, et le jour de l'enlèvement de la récolte n'y est point compris. (Id. 2 janvier 1857).

Le fait prévu par notre article est-il punissable d'amende, alors même que le bétail n'aurait causé aucun dommage ?

Oui, l'article 22 est d'autant plus impératif qu'il est lié à l'ordre public; les juges ne peuvent se permettre d'y contrevenir, sous prétexte des circonstances particulières que la loi n'admet pas (ses dispositions étant générales), sans tomber dans l'arbitraire. (Idem. 17 brumaire an VII).

Art. 23.

Un troupeau atteint de maladie contagieuse, qui sera rencontré au pâturage sur les terres de parcours ou de la vaine pâture, autres que celles qui auront été désignées pour lui seul, pourra être saisi par les gardes champêtres, et même par toute personne; il sera ensuite mené au lieu du dépôt qui sera indiqué à cet effet par la municipalité.

Le maître de ce troupeau sera condamné à une amende de la valeur d'une journée de travail par tête de bêtes à laine, et à une amende triple par tête d'autre bétail.

Il pourra en outre, suivant la gravité des circonstances, être responsable du dommage que son troupeau aurait occasionné, sans que cette responsabilité puisse s'étendre au delà des limites de la municipalité.

A plus forte raison, cette amende et cette responsabilité auront lieu si ce troupeau a été saisi sur les terres qui ne sont point sujettes au parcours ou à la vaine pâture.

Cette disposition, qui n'a pas cessé d'être en vigueur, est la sanction de l'article 49, titre 1er, section IV du Code rural. Trois articles du Code pénal, que nous allons transcrire, s'occupent aussi des maladies épizootiques; mais les cas qu'ils prévoient sont tout différents de celui que punit l'article 23 que nous expliquons. Pour s'en convaincre, il suffit de prendre connaissance des articles 459, 460 et 461 du Code pénal, lesquels sont ainsi conçus :

Article 459 : Tout détenteur ou gardien d'animaux ou de bestiaux soupçonnés d'être infestés de maladie contagieuse, qui n'aura pas sur le champ averti le maire de la commune où ils se trouvent et qui, même avant que le maire ait répondu à l'avertissement, ne les aura pas tenus renfermés, sera puni d'un emprisonnement de six jours à deux mois et d'une amende de seize francs à deux cents francs.

Article 460 : Seront également punis d'un emprisonnement de deux mois et d'une amende de cent francs à cinq cents francs ceux qui, au mépris des défenses de l'administration, aurait laissé leurs animaux ou bestiaux infestés communiquer avec d'autres.

Article 461 : Si, de la communication mentionnée au précédent article, il est résulté une contagion parmi les autres animaux, ceux qui auront contrevenu aux défenses de l'autorité administrative seront punis d'un emprisonnement de deux ans à cinq ans et d'une amende de cent francs à mille francs, le tout sans préjudice des lois et règlements relatifs aux maladies épizootiques, et de l'application des peines y portées.

L'article 459 garde le silence sur l'indemnité qui peut être réclamée pour la réparation du préjudice causé; mais l'article 23 qui nous occupe accorde à cet effet une action au propriétaire lésé contre l'auteur du dommage. D'ailleurs, dans le silence de la loi, les dispositions des articles 1382 et suivants du Code Napoléon y suppléeraient au besoin.

Les anciens règlements auxquels l'article 464 fait allusion sont-ils encore en vigueur ?

Oui; il a été jugé que l'arrêt du Conseil du 16 juillet 1784 maintenu par l'arrêté du 27 messidor an V, forme avec ce dernier arrêté un règlement de haute police obligatoire pour toute la France. Ces actes n'ayant pas seulement pour objet des mesures tendantes à arrêter la contagion déclarée, mais encore à la prévenir, les peines qu'ils prononcent contre ceux qui achètent et vendent des bestiaux soupçonnés du mal contagieux sont applicables à un propriétaire, à un commissionnaire et à un boucher convaincus d'avoir coopéré à la vente d'un bœuf déclaré atteint d'un pareil mal, quoiqu'il ne régnât aucune maladie épizootique dans le lieu de la vente. (Cass. 18 novembre 1818).

De même, lorsqu'un maire a des raisons de croire qu'un troupeau est infesté d'une maladie contagieuse, il peut, sans avoir fait constater ce fait, cantonner le troupeau sur une partie déterminée du terrain soumis au parcours ou à la vaine pâture. (Id. 1er février 1822).

Maintenant il nous reste à faire connaître les anciens règlements relatifs aux maladies épizootiques.

L'arrêté du 27 messidor an V ordonne l'exécution des mesures suivantes, destinées à prévenir la contagion des maladies dont il s'agit, mesures résultant des arrêts du conseil de 1745, 1746 et 1784 :

Tout propriétaire ou détenteur de bêtes à cornes, à quelque titre que ce soit, qui aura une ou plusieurs bêtes malades ou suspectes, sera obligé, sous peine de 500 fr. d'amende, d'en avertir sur le champ l'agent de sa commune, qui les fera visiter par l'expert le plus prochain ou par celui qui aura été désigné par le département ou le canton.

Lorsque, d'après le rapport de l'expert, il sera constaté qu'une ou plusieurs bêtes sont malades, l'agent veillera à ce que ces animaux soient séparés des autres et ne communiquent avec aucun animal de la commune. Les propriétaires, sous quelque prétexte que ce soit, ne pourront les faire conduire dans les pâturages ni aux abreuvoirs communs, et ils seront tenus de les nourrir dans les lieux renfermés, sous peine de cent francs d'amende. (Art. 2, arrêt du Conseil du 19 juillet 1746).

L'agent en informera, dans le jour, le commissaire du directoire exécutif du canton auquel il indiquera le nom du propriétaire et le nombre des bêtes malades. Le commissaire du directoire exécutif fera part du tout à l'administration centrale du département. (Id.)

Aussitôt qu'il sera prouvé à l'agent que l'épizootie existe dans une commune, il en instruira tous les propriétaires de bestiaux de ladite commune, par une affiche posée aux lieux où se placent les actes de l'autorité publique, laquelle affiche enjoindra auxdits propriétaires de déclarer à l'agent le nombre de bêtes à cornes qu'ils possèdent, avec désignation d'âge, de taille, de poil, etc. Copie de ces déclarations sera envoyée au commissaire du directoire exécutif près l'administration centrale du département. (Id. art. 47.)

En même temps, l'agent municipal fera marquer sous ses yeux toutes les bêtes à cornes de sa commune avec un fer chaud, représentant la lettre M. Quand l'administration centrale du département sera assurée que l'épizootie n'a plus lieu dans son ressort, elle ordonnera une autre marque, telle qu'elle jugera à propos, afin que les bêtes puissent aller et être vendues partout sans qu'on ait rien à craindre.

Afin d'éviter toute communication des bestiaux de pays infestés avec ceux des pays qui ne le sont pas, il sera fait de temps en temps des visites chez les propriétaires de bestiaux dans les communes infestées, pour s'assurer qu'aucun animal n'en a été distrait. Si, au mépris des dispositions précédentes, quelqu'un se permet de vendre ou d'acheter aucune bête marquée dans un pays infesté, pour la conduire dans un marché ou une foire, ou même chez un particulier de pays non infesté, il sera puni de 500 fr. d'amende. Les propriétaires de bêtes qui les feront conduire par leurs domestiques ou autres personnes dans les marchés ou foires, ou chez des particuliers de pays non infestés, seront responsables du fait de ces conducteurs.

Il est enjoint à tout fonctionnaire public qui trouvera, sur les chemins ou dans les foires ou marchés des bêtes à cornes marquées de la lettre M, de les conduire devant le juge de paix, lequel les fera tuer sur le champ, en sa présence. (Id. art. 7.)

Pourront néanmoins les propriétaires de bêtes saines en pays infestés en faire tuer chez eux ou en vendre aux bouchers de leurs communes, mais aux conditions suivantes :

1° Il faudra que l'expert ait constaté que ces bêtes ne sont pas malades ;

2° Le boucher n'entrera pas dans l'étable ;

5° Le boucher tuera les bêtes dans les vingt-quatre heures;

4° Le propriétaire ne pourra s'en dessaisir et le boucher les tuer, qu'ils n'en aient la permission de l'agent qui en fera mention sur son état. (Arrêt du Conseil, 19 juillet 1746, art. 8.) Toute contravention à cet égard sera punie de 200 fr. d'amende; le propriétaire et le boucher demeurent solidaires. (Id.)

Il est ordonné de tenir, dans les lieux infestés, tous les chiens à l'attache et de tuer tous ceux qu'on trouverait divaguant.

Tout fonctionnaire public qui donnera des certificats et attestations contraires à la vérité, sera condamné à 1,000 fr. d'amende et même poursuivi extraordinairement. (Arrêt de 1745).

Dans tous les cas où les amendes pour des objets relatifs à l'épizootie seront appliquées, aucun juge ne pourra les remettre ni les modérer; les jugements qui interviendront en conséquence seront exécutés par provision, et les délinquants, au surplus, soumis aux lois de la police correctionnelle. (Art. 15 de l'Arrêt de 1746, et 12 de celui de 1784.)

Aussitôt qu'une bête sera morte, au lieu de la traîner, on la transportera à l'endroit où elle doit être enterrée, qui sera, autant que possible, au moins à 50 toises des habitations; on la jettera seule dans une fosse de huit pieds de profondeur, avec toute sa peau tailladée en plusieurs parties, et on la couvrira de toute la terre sortie de la fosse.

Dans le cas où le propriétaire n'aurait pas la facilité d'en faire le transport, l'agent municipal en requerra un autre, et même les manouvriers nécessaires, à peine de 50 fr. contre les refusants. Dans les lieux où il y a des chevaux, on préférera de faire traîner par eux les voitures chargées de bêtes mortes, lesquelles voitures seront lavées à l'eau chaude après le transport.

Il est défendu de les jeter dans les bois, dans les rivières ou à la voirie, et de les enterrer dans les étables, cours et jardins, sous peine de 300 fr. d'amende et de tous dommages et intérêts. (Arrêt de 1784, art. 6.)

A la suite des arrêtés qui précèdent, le ministre de l'intérieur sous le Directoire transmit aux autorités chargées de leur exécution les instructions suivantes :

« Les corps administratifs, conformément au décret du 28 septembre 1791, emploieront tous les moyens de prévenir et d'arrêter l'épizootie, et, en conséquence, le Gouvernement compte sur leur zèle pour faire faire des patrouilles, mettre la plus grande célérité dans l'exécution des lois, et ne rien épargner soit pour préserver leur pays de la contagion, soit pour en arrêter le progrès. Lorsque l'épizootie sera déclarée dans leur ressort, ils sont chargés d'en informer les administrations des départements voisins, et je leur recommande très-expressément de m'en faire part sur le champ, ainsi que des progrès que pourra faire la maladie.

Ce n'est qu'en suivant avec une rigueur très-scrupuleuse les mesures que j'ai indiquées qu'il sera possible de prévenir dans la plupart des départements, et d'arrêter dans ceux qui sont infestés, les effets d'une contagion ruineuse pour l'agriculture en général et pour les propriétaires.

Caractère de la maladie.

Dans tous les lieux où règne l'épizootie, les hommes de l'art qui l'ont observée s'accordent à la regarder comme une inflammation générale qui se termine toujours par celle du poumon ou du foie, le plus souvent par la première.

Causes de la maladie.

L'altération des fourrages par l'effet des pluies qui régnèrent l'année dernière et occasionnèrent le débordement des ruisseaux et des rivières, à l'époque de la récolte des foins, doit sans doute être considérée comme une des causes principales de l'épizootie. C'est sur les bords de la Meuse, de la Moselle, du Rhin et de la Nab, et de quelques autres rivières dont les prairies ont été submergées, qu'elle s'est d'abord déclarée. Averti des effets funestes que devait produire une submersion aussi générale, je fis répandre, sur les moyens de les prévenir, une instruction dont je ne puis trop recommander la lecture aux cultivateurs qui se trouvent cette année dans le même cas.

Traitement de la Maladie.

Dès qu'une bête à cornes paraît affectée de la maladie régnante, on ne doit point hésiter à soumettre au traitement toutes celles de l'étable, quel qu'en puisse être le nombre.

L'expérience ayant constamment prouvé que les animaux qui guérissaient sans autre secours que ceux de la nature devaient leur guérison à une éruption dont leur corps se couvrait, toutes les vues de l'art doivent se diriger vers les moyens d'amener cette éruption ou de la suppléer.

Ce serait en vain qu'on attendrait ces effets des cordiaux qu'on emploie presqu'exclusivement dans ces sortes de maladies. Le vin, l'eau-de-vie, le cidre, le poivre, la cannelle, le girofle, la noix muscade, le gingembre, l'orviétan, le mithridate, la thériaque, le quinquina, et un grand nombre de médicaments échauffants, ne produisent sur les bêtes à cornes aucun effet à petites doses; à grandes doses, ils augmentent considérablement l'inflammation et précipitent la perte des animaux.

Ce n'est que par les applications extérieures qu'on peut se flatter d'obtenir ces dépôts si conformes aux vœux de la nature.

Le séton, chargé d'un caustique, remplit parfaitement le double objet d'attirer au dehors l'humeur qui tend à se porter sur le poumon ou le foie, et d'en favoriser l'évacuation.

Le fanon, que dans quelques lieux on nomme la *lampe*, la *nappe*, est la partie qu'on doit préférer pour y placer le séton.

Il doit être placé de manière que les deux ouvertures se répondent de haut en bas, afin que l'humeur puisse s'écouler aisément.

Pour établir un point d'irritation capable d'attirer brusquement cette humeur au dehors, on attache sur le milieu du séton un morceau d'ellébore noir, ou l'on y fixe, avec un peu de linge, du sublimé ou de l'arsenic en poudre.

Lorsque l'engorgement a acquis le volume d'une tête humaine, on retourne le séton pour en retirer l'ellébore ou autre caustique dont on l'a chargé.

Dans le cas où le séton, ainsi préparé, ne produirait pas, dans l'espace de quinze à vingt heures, un engorgement considérable, on appliquera sur les deux côtés de la poitrine, après avoir rasé le poil, un large cataplasme vésicatoire, composé avec une once de mouches cantharides et une once d'euphorbe, étendues dans une suffisante quantité de levain, qu'on maintiendra avec un bandage et qu'on entretiendra jusqu'à parfaite guérison.

On placera tous les jours, une heure le matin et autant le soir, dans

6*

la gueule de l'animal, un billot autour duquel on aura disposé et maintenu avec un linge, de l'ail, du poivre, de l'assa-fœtida, des racines de poivre d'eau, d'arum au pied de veau, des feuilles ou des racines du grand raifort, des feuilles de tabac, le tout haché et pilé; une seule de ces substances peut suppléer toutes les autres.

On donnera, autant que possible, des aliments de la meilleure qualité; il sera bon de les asperger d'eau, sur un seau de laquelle on aura fait dissoudre une poignée de sel.

Lorsqu'il sera possible de faire boire les animaux à l'étable, on blanchira leur eau avec un peu de son, et on y mettra un verre de vinaigre sur dix pintes environ.

Le bouchonnement très-souvent répété, l'évaporation d'eau chaude sous le ventre, les bains de rivière, même lorsque l'eau sera chauffée, favorisent puissamment la transpiration; les lavements avec l'eau légèrement vinaigrée produisent aussi de très-bons effets. La propreté des étables, le soin de les tenir très-aérées, sont des conditions également essentielles. Lorsqu'il y aura eu des animaux malades, on se gardera bien d'en remettre de sains avant de les avoir purifiées.

Désinfection des étables.

Les fumigations aromatiques ou autres tant vantées, ainsi que le simple blanchissage avec la chaux, sont des moyens insuffisants pour purifier les étables infestées : c'est de l'eau et du feu, et surtout de leur combinaison, qu'on peut attendre cet effet. Les murs, les mangeoires, les rateliers seront lavés exactement avec de l'eau bouillante, et on les ratissera avec des balais de bruyère, de genêt, et mieux encore avec de fortes brosses, quand on pourra s'en procurer. On ne blanchira jamais à la chaux qu'après avoir ainsi lavé et ratissé. Si l'étable est pavée, il faudra laver avec l'eau bouillante et ratisser également les pavés. Si le sol est en terre, on en enlèvera une couche de deux ou trois pouces, qu'on brûlera et qu'on enfouira dans une fosse dont la terre qu'on en aura retirée remplacera celle enlevée de l'étable. On aura soin de battre le sol pour l'unir, l'affermir et s'opposer à l'évaporation qui pourrait s'élever des couches inférieures. On tiendra pendant quelque temps les écuries ouvertes jour et nuit, et l'on n'y remettra les animaux que lorsqu'elles seront parfaitement sèches.

Art. 24.

Il est défendu de mener sur le terrain d'autrui des bestiaux d'aucune espèce, et en aucun temps, dans les prairies artificielles, dans les vignes, oseraies, dans les plants de câpriers, dans ceux d'oliviers, de mûriers, de grenadiers, d'orangers et arbres du même genre, dans tous les plants ou pépinières d'arbres fruitiers ou autres, faits de main d'homme.

L'amende encourue pour le délit sera une somme de la valeur du dédommagement dû au propriétaire : l'amende sera double si le dommage a été fait dans un enclos rural ; et suivant les circonstances, il pourra y avoir lieu à la détention de police municipale.

Cet article, sauf peut-être la disposition relative à l'enclos rural, est abrogé par l'article 470, n° 10, du Code pénal revisé en 1832, et portant : « Seront punis d'une amende de 11 à 15 fr. inclusivement, « ceux qui mèneront sur le terrain d'autrui des bestiaux, de quelque « nature qu'ils soient, et notamment dans les prairies artificielles, « dans les vignes, oseraies, dans les plants de câpriers, dans ceux d'oli-« viers, de mûriers, de grenadiers, d'orangers et d'arbres du même « genre, dans tous les plants ou pépinières d'arbres fruitiers ou autres, « faits de main d'homme. »

Par cette disposition, le législateur de 1832 a remplacé et aboli par une peine déterminée une peine qni ne l'était pas dans l'article 24 de la loi de 1791. Cependant il garde le silence sur le délit commis dans un enclos rural que prévoit et punit l'article 24. Dès lors, il est permis de penser que cette partie de notre article est encore en vigueur.

Art. 25.

Les conducteurs des bestiaux revenant des

foires ou les menant d'un lieu à un autre, même dans les pays de parcours.ou de vaine pâture, ne pourront les laisser pacager sur les terres des particuliers, ni sur les communaux, sous peine *d'une amende de deux journées de travail,* en outre du dédommagement. *L'amende sera égale à la somme du dédommagement,* si le domm*age se* fait sur un terrain ensemencé, ou qui n'a pas *été* dépouillé de sa récolte, ou dans un enclos rural.

A défaut de paiement, les bestiaux pourront être saisis et vendus jusqu'à concurrence de ce qui sera dû pour indemnité, l'amende et autres frais relatifs ; il pourra même y avoir lieu, envers les conducteurs, à la détention de police municipale, suivant les circonstances.

D'une amende de deux journées de travail.

Nous avons eu déjà l'occasion de faire remarquer que l'amende pour délits ruraux ne doit pas être au-dessous de la valeur de trois journées de travail, d'après l'article 2 de la loi du 23 thermidor an IV.

Selon M. Vuatiné, la première disposition de notre article serait remplacée par le n° 10 de l'article 479 du Code pénal, parce que ce dernier article n'admet aucune différence entre les animaux menés au pâturage et ceux que l'on fait voyager.

L'amende sera égale etc.

M. Rogron pense que cette seconde disposition de notre article est abrogée par l'article 475, n° 10 du Code pénal, relatif au passage des bestiaux, animaux de trait, de charge ou de monture, sur le terrain d'autrui, ensemencé ou chargé d'une récolte.

Quant à la saisie des bestiaux autorisée par le dernier paragraphe de notre article, elle ne paraît plus être à M. Vuatiné de la compétence du tribunal de police, par la raison que le Code pénal n'autorise pas la saisie ou la mise en fourrière des animaux menés au pacage sur le terrain a autrui, contrairement à la défense portée par l'article 479, nº 10 de ce Code. Il pense néanmoins que la saisie serait permise si le conducteur ou le propriétaire des bestiaux était inconnu.

Nous ne pouvons partager cette opinion. A nos yeux, la dernière partie de l'article 25 subsiste encore et doit être appliquée indistinctement aux conducteurs de bestiaux connus et inconnus; ni l'article 479, ni aucun autre article du Code pénal n'a prononcé son abrogation. Or, l'abrogation d'une loi est *expresse* ou *implicite*, expresse si elle a lieu en termes formels; implicite, si elle résulte, par induction forcée, de nouvelles dispositions législatives inconciliables avec cette loi; mais l'abrogation *tacite* est inadmissible et il n'est pas permis de l'induire du silence du législateur.

Nous pensons aussi que le Code pénal a laissé en vigueur la disposition de notre article qui réprime le délit de pâturage commis dans un enclos rural, délit non prévu par le nº 10 de l'article 479 précité.

Art. 26.

Quiconque sera trouvé gardant à vue ses bestiaux dans les récoltes d'autrui sera condamné, en outre du paiement du dommage, à une amende égale à la somme du dédommagement, et pourra l'être, suivant les circonstances, à une détention qui n'excèdera pas une année.

Cet article, qu'aucune disposition du Code pénal n'a ni abrogé ni modifié, est toujours en pleine vigueur, ainsi que la Cour de cassation l'a souvent déclaré. Et pour ne citer que ses arrêts les plus récents, elle a décidé :

1º Que l'individu qui a fait pâturer son troupeau de moutons dans une pièce de jeune trèfle appartenant à autrui était passible des peines portées par l'article 26 précité; que ce fait, qui n'était autre que celui de garde à vue de bestiaux dans une terre chargée de récoltes appartenant à autrui, ne doit pas être confondu avec celui de mener des bestiaux sur le terrain d'autrui, dans les prairies artificielles, lequel est prévu par le n° 10 de l'article 479 du Code pénal, parce que la *garde à vue* des bestiaux dans des récoltes a un caractère de permanence et de gravité tant sous le point de vue de l'intention du délinquant, que par rapport à l'importance du dommage que ce genre de délit cause aux récoltes ; qu'on ne peut le considérer comme ne constituant que la simple contravention de police rurale, qu'a eu en vue l'article 479 dans son n° 10 ; que ce dernier article ne s'applique qu'à des bestiaux que l'on fait passer dans des récoltes. (Arrêt du 10 septembre 1847.)

2° Qu'il en est de même du fait de la part d'un individu qui a *fait pacager* ses bestiaux sur une prairie artificielle, attendu, d'une part, que les expressions : *faire pacager*, sont synonymes de celles de *garder à vue*, qu'emploie l'article 26 de la loi de 1791 ; que, d'autre part, les prairies artificielles étant, comme les prairies naturelles, en état de production permanente, doivent être considérées en tous temps comme chargées de récoltes, et ceux qui y font pacager leurs bestiaux comme les faisant pacager dans des récoltes ; qu'en conséquence, les deux circonstances exigées par l'article 26 se trouvant réunies dans le fait imputé au prévenu, ce fait était passible des peines correctionnelles déterminées par ledit article. (Arrêts des 16 février 1850, 26 mai 1859).

3° Enfin, que garder à la corde une vache dans une terre ensemencée en luzerne, dont la troisième coupe n'était pas encore fauchée, c'est la garder à vue dans des récoltes, fait prévu et puni par l'article 26, titre 2 du Code rural. (Arrêt du 15 mars 1850).

Que doit-on entendre par cette expression *récoltes ?*

La même cour en a donné la définition par un arrêt dont nous allons rendre compte.

Il s'agissait du délit résultant de la garde de trois vaches dans les *pâtureaux* d'autrui, terrains dont l'herbe est consommée sur place par les animaux ; or, ce fait devait-il être puni par l'article 26 qui prévoit et réprime la garde à vue dans les récoltes d'autrui ? Non, il tombait sous l'application de l'article 479, n° 10 du Code pénal, attendu que le mot *récolte* exprime les fruits naturels de la terre préparée par le travail de l'homme, et par lui recueillis pour ses besoins actuels ou futurs, et qu'on ne peut pas appeler de ce nom les produits spontanés de la terre, qui ne peuvent servir qu'au pâturage des animaux et sont consommés sur place. (Cass. 9 mai 1840).

ART. 27.

Celui qui entrera à cheval dans les champs ensemencés, si ce n'est le propriétaire ou ses agents, paiera le dommage et une amende de la valeur d'une journée de travail : l'amende sera double si le délinquant y est entré en voiture. Si les blés sont en tuyaux, et que quelqu'un y entre même à pied, ainsi que dans toute autre récolte pendante, l'amende sera au moins de la valeur d'une journée de travail, et pourra être d'une somme égale à celle due pour dédommagement au propriétaire.

La première partie de cet article est remplacée par le n° 15 de l'article 471 du Code pénal, ainsi conçu :

Seront punis d'amende depuis un franc jusqu'à cinq franc inclusivement, ceux qui, n'étant propriétaires, ni usufruiters, ni locataires, ni fermiers, ni jouissant d'un terrain ou d'un droit de passage, ou qui n'étant agents ni proposés d'aucune de ces personnes, seront entrés et auront passé sur un terrain ou sur une partie de ce terrain, s'il est préparé ou ensemencé.

Cette dernière disposition est applicable à des gendarmes qui, en poursuivant quelqu'un, sont entrés à cheval dans une pièce de terre ensemencée. (Cass. 26 février 1825).

Il a aussi été décidé que le fait d'avoir conduit des chevaux sur le terrain d'autrui ensemencé tombe sous l'application du même article 471, n° 10 du Code pénal, et non de l'article 27, titre 2 de la loi de 1791. (Id. 25 juin 1825).

Quant à la seconde partie de notre article, elle est abrogée par l'article 478, nos 9 et 10 du Code pénal, portant : « Seront punis d'amende, depuis six francs jusqu'à dix francs inclusivement : n° 9, ceux qui, n'étant propriétaires, usufruitiers, ni jouissant d'un terrain ou d'un droit de passage, y sont entrés, et y ont passé dans le temps où ce terrain était chargé de grains en tuyau, de raisins ou autres fruits mûrs ou voisins de la maturité ; n° 10, ceux qui auraient fait ou laissé passer des bestiaux, animaux de trait, de charge ou de monture, sur le terrain d'autrui, ensemencé ou chargé d'une récolte, en quelque saison que ce soit ou dans un bois taillis appartenant à autrui. »

M. Rogron examine les questions suivantes et se demande si la contravention change de nature lorsque le passage a eu lieu sur un terrain clos. Il distingue s'il y a bris de clôture ou s'il y a eu simplement violation de clôture, c'est-à-dire si quelqu'un s'est introduit dans un champ clos pour le traverser en entrant par la porte, qu'il a trouvée ouverte, ou même en l'ouvrant, parce qu'elle n'était pas fermée à clef, une action ne pourra être formée contre lui qu'autant qu'il aura traversé un terrain préparé ou ensemencé (circonstances constitutives de la contravention); car aucune loi ne punit le fait consistant à s'introduire, sans autre circonstance, dans un terrain enclos, s'il n'y a pas eu destruction de clôture pour faciliter l'introduction. S'il y a destruction de clôture pour pénétrer dans la propriété enclose ou la traverser, il y a bien dans ce cas effraction qui aggrave le crime et que la loi pénale punit plus sévèrement ; mais lorsqu'il s'agit simplement d'une contravention, l'effraction n'ajoute rien à la gravité de la peine, et elle n'est punie elle-même que comme constituant le délit de destruction de clôture. Enfin, si on s'introduit dans un enclos pour le traverser, sans bris de clôture, mais au moyen d'escalade, cette circonstance, qui est aggravante du crime, ne l'étant pas des contraventions, aucune peine autre que l'amende que prononce l'article 471 du Code pénal, si le terrain est préparé ou ensemencé, ne sera encourue, car, aucune clôture n'ayant été détruite, il n'y a pas lieu à appliquer l'article 456. Si le terrain n'était ni préparé ni ensemencé, nulle peine ne pourrait être prononcée, puisque l'escalade n'est pas punie par elle-même, lorsqu'elle n'accompagne pas un crime, et qu'il n'y a pas d'ailleurs eu la contravention prévue par l'article 471. Lorsque, sur un terrain même non préparé ni ensemencé, quelque dommage est causé par celui qui s'est introduit dans un enclos à l'aide d'escalade ou de simple violation de clôture, il est clair que le propriétaire a une action en indemnité devant le tribunal civil.

Art. 28.

Si quelqu'un, avant leur maturité, coupe ou détruit de petites parties de blé en vert, ou d'autres productions de la terre, sans intention manifeste de les voler, il paiera en dédommagement au propriétaire une somme égale à la valeur que l'objet aurait eu dans sa maturité ; il sera condamné à une amende égale à la somme du dédommagement, et il pourra l'être à la détention de police municipale.

Pour bien interpréter cette disposition, il est nécessaire de la comparer aux articles 449 et 450 du Code pénal.

Le premier de ces articles est ainsi conçu : « Quiconque aura coupé des grains et des fourrages qu'il savait appartenir à autrui sera puni d'un emprisonnement qui ne sera pas au-dessous de six jours ni au-dessus de deux mois. »

L'article 450 porte que l'emprisonnement sera de vingt jours au moins et de quatre mois au plus, s'il a été coupé du grain en vert. Il y a aggravation de la peine si le délit a été commis la nuit ou en haine d'un fonctionnaire.

Comme on le voit, ces deux articles diffèrent peu de celui que nous expliquons ; ils prévoient et punissent les mêmes faits ; il semble donc qu'ils aient aboli l'article 28. Toutefois, plusieurs auteurs recommandables, MM. Vuatiné, Bioche (Dictionnaire des justices de paix, Lonchamp (Précis sur la police rurale) pensent que cet article est encore en vigueur ; mais ils en restreignent l'application à quelques circonstances non prévues par le Code pénal. Par exemple, des récoltes en grains et fourrages ont été endommagées légèrement ; un cultivateur, en labourant son champ, a retourné un ou plusieurs sillons pris sur le fonds voisin déjà ensemencé ou revêtu d'une production

7

= 420 =

quelconque, ces faits, et autres semblables, devraient être réprimés
par l'article 28 ; c'est aussi notre opinion.

Art. 29.

Quiconque sera convaincu d'avoir dévasté des récoltes sur pied, ou abattu des plants venus naturellement, ou faits de main d'homme, sera puni d'une
amende double du dédommagement dû au propriétaire, et d'une détention qui ne pourra excéder deux
années.

Cet article a été remplacé par l'article 444 du Code pénal, portant
que celui qui aura dévasté des récoltes sur pied ou des plants venus
naturellement ou faits de main d'homme, sera puni d'un emprisonnement de deux ans au moins, de cinq ans au plus.

Pour constituer le délit, il faut qu'il y ait *dévastation*, c'est-à-dire
ravage et destruction ; il ne résulterait pas d'un léger dommage.

Il a été jugé que la loi pénale n'est relative qu'à des plants venus
naturellement ou de main d'homme, en champ ouvert ou dans des
pépinières, et qu'elle ne s'applique pas à des plants excrus dans les
bois et forêts. (Cass. 22 février 1824.)

Art. 30.

Toute personne convaincue d'avoir, de dessein
prémédité, méchamment, sur le territoire d'autrui,
blessé ou tué des bestiaux ou chiens de garde, sera
condamnée à une amende double de la somme du dédommagement. Le délinquant pourra être détenu un
mois, si l'animal n'a été que blessé, et six mois si l'animal est mort de sa blessure ou en est resté estropié ;
la détention pourra être du double si le délit a été com-

mis la nuit, ou dans une étable, ou dans un enclos
rural.

Cet article a été abrogé par les articles 452, 455 et 454 du Code
pénal, mais seulement dans la partie relative aux animaux tués. En
ce qui concerne les blessures faites aux bestiaux et aux chiens de garde,
il conserve sa vigueur, attendu que les articles précités ne parlent
que des animaux *tués*, et que l'article 479 du même code, dans ses
paragraphes 2, 5 et 4, ne s'occupe que de la mort occasionnée aux
animaux ou bestiaux, ou blessures à eux faites *involontairement*,
par l'effet de la divagation des fous ou furieux, d'animaux malfaisans ou féroces, ou par la rapidité ou la mauvaise direction, le chargement excessif des voitures, chevaux, bêtes de trait, de charge ou de
monture ; 2° par l'usage d'armes sans précaution ou avec maladresse,
par jet de pierres ou d'autres corps durs ; 3° par la vétusté, la dégradation, le défaut de réparation ou d'entretien des maisons, par l'en-
combrement ou l'excavation, ou telles autres œuvres dans ou près des
rues, chemins, places ou voies publiques, sans les précautions ou si-
gnaux ordonnés par l'usage. D'ailleurs, il a été décidé que les blessures faites *involontairement ou méchamment* aux animaux d'autrui, n'étant mentionnées dans aucun des articles du Code pénal, et
que, d'autre part, ce Code n'ayant puni que les blessures faites *involontairement et par imprudence* aux animaux domestiques, il
s'ensuit que les blessures causées avec volonté et méchamment ont été
laissées sous l'empire de l'article 30 que nous expliquons. (Cass. 5 février 1818.)

Il est nécessaire, dit M. Rogron, de bien se pénétrer des circonstances dans lesquelles le fait doit arriver pour être passible des peines
prononcées par cet article. Il faut d'abord que l'animal ait été blessé
sur le *territoire* d'autrui ; les blessures qu'il aurait reçues sur *notre
terrain* pourraient bien donner lieu à une indemnité (art 382 Code
Napoléon), mais elles n'entraîneraient aucune peine Il faut ensuite
que le fait ait eu lieu de *dessein prémédité, méchamment*, circonstance qui, aux termes de notre article, est constitutive du délit. En
outre, il faut que les blessures aient été faites sans *nécessité*, car si
elles ont eu lieu pour la légitime défense de soi-même ou d'autrui, il
n'y a aucun délit. Enfin, il faut que les blessures aient été faites *volontairement* et non par accident, ou par imprudence ; car la *vo-*

lonté est aussi constitutive du délit, et s'il y a eu simplement imprudence, il n'y aura lieu qu'à l'application de l'article 479 du Code pénal.

Un individu était prévenu d'avoir fait méchamment et de dessein prémédité des blessures à un bœuf appartenant à autrui. Le tribunal correctionnel devant lequel il fut traduit, sans méconnaître son intention coupable, a refusé de lui appliquer l'article 30 de la loi de 1791, sur le motif qu'il a été remplacé par les articles 453 et 479 du Code pénal. Ce tribunal avait ainsi commis une erreur, parce que l'article 30 n'a point été abrogé quant aux blessures faites à *dessein prémédité* et *méchamment* envers des bestiaux et chiens de garde, puisque, d'une part, l'article 453 ne parle que des bestiaux *tués*, et, d'autre part, les n°ˢ 2 et 3 de l'article 479 ne s'appliquent qu'aux cas de mort ou de blessures involontaires, résultant de maladresse, imprudence ou défaut d'intention ; il suit de là que les blessures faites aux animaux, prévues et réprimées par l'article 479, ne sont pas celles que punit l'article 30 par une disposition séparée du cas de mort. (Cass. 7 octobre 1847).

Art. 31.

Toute rupture ou destruction d'instruments de l'exploitation des terres, qui aura été commise dans les champs ouverts, sera punie d'une amende égale à la somme du dédommagement dû au cultivateur, et d'une détention qui ne sera jamais de moins d'un mois, et qui pourra être prolongée jusqu'à six, suivant la gravité des circonstances.

Cet article est abrogé par l'article 451 du code pénal, conçu en ces termes : « Toute rupture, toute destruction d'instruments d'agriculture, de parcs de bestiaux, de cabanes de gardiens, sera punie d'un emprisonnement d'un mois au moins, d'un an au plus. »

Ce nouvel article est plus complet que l'ancien, puisqu'il comprend la rupture des parcs de bestiaux et des cabanes de gardiens, à l'égard desquels l'article 31 garde le silence, En outre, il punit la destruction d'instruments d'agriculture, *en quelque lieu qu'ils se trouvent*, tandis que notre article ne la punissait que lorsqu'elle avait été commise dans les *champs ouverts*.

Art. 32.

Quiconque aura *déplacé* ou *supprimé* des bornes, ou pieds corniers , ou autres arbres plantés ou reconnus pour établir les limites entre différents héritages , pourra, en outre du paiement du dommage et des frais de remplacement des bornes, être condamné à une amende de la valeur de douze journées de travail, et sera puni par une détention dont la durée, proportionnée à la gravité des circonstances, n'excèdera pas une année. La détention, cependant, pourra être de deux années s'il y a *transposition* de bornes à fin *d'usurpation*.

Cet article, à l'exception de sa dernière disposition, a été abrogé par le paragraphe suivant de l'article 456 du Code pénal : « Quiconque aura *déplacé ou supprimé des bornes, ou pieds corniers*, ou autres arbres plantés ou reconnus pour établir les limites entre différents héritages, sera puni d'un emprisonnement qui ne pourra être au-dessous d'un mois ni excéder une année, et d'une amende égale au quart des restitutions, etc. »

L'article 389 du même Code punit de la réclusion celui qui, pour commettre un vol, aura *enlevé* ou *déplacé* des bornes servant de séparation aux propriétés.

Ni l'une ni l'autre de ces deux dernières dispositions ne reproduisant la dernière partie de notre article, on doit croire qu'elle est encore en vigueur.

En effet, l'article 456 ne punit que le déplacement ou la suppression des bornes ou des arbres servant de limites aux propriétés contiguës, et la peine est simplement correctionnelle. Plus sévère, l'article 389 prononce la réclusion contre l'auteur du vol commis à l'aide du déplacement ou de l'enlèvement des bornes. Or, ici le vol ne s'entend que des choses mobilières, telles que des récoltes déjà détachées du sol, dont s'occupe l'article 388 du Code pénal, auquel se réfère l'article 589 ; il ne peut donc comprendre *l'usurpation* faite au moyen de la *transposition* de bornes : le mot *vol* répugnerait à une pareille interprétation. Aussi sommes-nous convaincu que le dernier paragraphe de l'article 52 doit continuer à recevoir son application : il est nécessaire, dans l'intérêt de l'agriculture, qu'il soit conservé jusqu'à ce qu'il ait été remplacé par une disposition analogue.

On sait que les Romains avaient un très-grand respect pour les propriétés rurales, si grand, qu'ils avaient placé les bornes séparatives de ces propriétés sous la protection d'une divinité particulière, du dieu Terme ; de sorte que celui qui arrachait une borne commettait un délit qui offensait à la fois les hommes et les dieux.

En faisant intervenir la divinité dans toutes les actions de la vie, dit un auguste historien, on idéalise les choses les plus vulgaires, et on apprend aux hommes qu'au-dessus des intérêts matériels il y a une Providence qui dirige leurs actions. Le sentiment du droit et de la justice entre dans les consciences, le serment est chose sacrée, et la vertu, cette expression la plus élevée du devoir, devient la règle générale de la vie publique et de la vie privée (1).

Une loi de Numa portait que l'auteur du délit dont nous venons de parler devait être maudit lui et ses bœufs.

A cet égard, nos anciennes coutumes se montraient aussi très-sévères. La coutume de Bretagne veut *que ceux qui ôtent ou arrachent des bornes soient punis comme larrons*. Dans celle de Bailleul on lit : *Quiconque ôte, change de situation, ou fait enfoncer par dol quelques bornes, sera puni du fouet, du banissement ou d'autres punitions arbitraires.* Mais ce qui était pour les anciens une sorte de calamité publique n'est pour nous qu'une affaire de police correctionnelle, passible d'un mois à un an de prison, dans le cas prévu par l'article 456, et de deux ans au plus, lorsque la transposition de bornes est accompagnée d'usurpation, fait que punit l'article 52 ci-dessus.

(1) Histoire de Jules César.

Pour l'enlèvement de bornes, à l'effet de commettre un vol, nous avons vu que c'est la peine de la réclusion que prononce l'article 389.

ART. 33.

Celui qui, sans la permission du propriétaire ou fermier, enlèvera des fumiers, de la marne, ou tous autres engrais portés sur les terres, sera condamné à une amende qui n'excédera pas la valeur de six journées de travail, en outre du dédommagement, et pourra l'être à la détention de police municipale. L'amende sera de douze journées et la détention pourra être de trois mois, si le délinquant a fait tourner à son profit lesdits engrais.

La contravention que prévoit la première disposition de cet article, ainsi que l'observe judicieusement M. Vuatiné, doit être très-rare, parce qu'on n'enlève presque jamais du fumier ou autre engrais sans se l'approprier. Néanmoins elle est punissable de la valeur de trois à six journées de travail, ou de trois jours de prison, notre article étant combiné avec l'article 2 de la loi du 23 thermidor an IV.

Quant à l'enlèvement dont parle la seconde disposition, il appartient à la juridiction correctionnelle.

L'article qui nous occupe ne concerne que les engrais *portés* sur les terres où ils ont été pris. Il y a dans certaines terres des engrais autres que ceux qui y ont été portés, tels sont les gazons, les herbes ou feuillages qui restent après la moisson, les atterrissements ou terrains d'alluvion. M. Lonchamp pense que ces engrais forment une production utile du champ qui les renferme et que leur enlèvement rentre dans l'application de l'article 475, n° 15 du Code pénal. Cette opinion ne nous paraît nullement fondée. En effet, il est difficile de considérer comme étant la production naturelle d'un champ les terres d'alluvion qui s'y accumulent, et comme récolte les gazons, les herbes chétives et les rares feuillages abandonnés aux indigents après la moisson. Selon nous, l'enlèvement de ces matières, en l'absence d'une disposition pé nale qui s'y applique, ne constitue ni délit ni contravention, mais il peut faire l'objet d'une action civile afin de dommages-intérêts, en réparation du préjudice qu'il aurait causé au propriétaire du terrain où il a eu lieu.

Art. 34.

Quiconque maraudera, dérobera des productions de la terre qui peuvent servir à la nourriture des hommes, ou d'autres productions utiles, sera condamné à une amende égale au dédommagement dû au propriétaire ou fermier ; il pourra aussi, suivant les circonstances du délit, être condamné à la détention do police municipale.

Cet article a été remplacé par le n° 15 de l'article 475 du Code pénal, portant : « Seront punis d'amende depuis six francs jusqu'à dix francs inclusivement, ceux qui déroberont, sans aucune des circonstances prévues en l'article 388, des récoltes ou autres productions utiles de la terre qui, avant d'être soustraites, n'étaient pas encore détachées du sol. »

Art. 35.

Pour tout vol de récoltes fait avec des paniers ou des sacs, ou à l'aide des animaux de charge, l'amende sera double du dédommagement, et la détention, qui aura toujours lieu, pourra être de trois mois, suivant la gravité des circonstances.

Cette disposition est abrogée par l'article 388, paragraphes 2, 3 et 4 du Code pénal, lesquels sont ainsi conçus : Paragraphe 2. « Quiconque aura volé ou tenté de voler, dans les champs, des récoltes ou autres productions utiles de la terre, déjà détachées du sol, ou des meules de grains faisant partie de récoltes, sera puni d'un emprisonnement de quinze jours à deux ans, et d'une amende de seize à deux cents francs. »

Paragraphe 3. « Si le vol a été commis, soit la nuit, soit par plusieurs personnes, soit à l'aide de voitures ou d'animaux de charge, l'emprisonnement sera d'un an à cinq ans, et l'amende de seize francs à cinq cents francs. »

Paragraphe 4. « Lorsque le vol ou la tentative de vol de récoltes ou autres productions utiles de la terre, qui, avant d'être soustraites, n'étaient pas encore détachées du sol aura eu lieu, soit avec des paniers ou des sacs, ou autres objets équivalents, soit la nuit, soit à l'aide de voitures ou d'animaux de charge, soit par plusieurs personnes, la peine sera d'un emprisonnement de quinze jours à deux ans, et d'une amende de seize à deux cents francs. »

ART. 36.

Le maraudage ou enlèvement de bois, fait à dos d'hommes dans les bois taillis ou futaies, *ou autres plantations d'arbres* des particuliers ou communautés, sera puni d'une amende double du dédommagement dû au propriétaire. La peine de la détention pourra être la même que celle portée en l'article précédent.

Cet article a été modifié par l'article 194 du Code forestier, portant : « L'amende pour coupe ou enlèvement de bois qui n'auront pas deux décimètres de tour sera, pour chaque charretée, de dix francs par bête attelée, de cinq francs par chaque charge de bête de somme, et de deux francs par fagot, fouée ou charge d'homme. »

« S'il s'agit d'arbres semés ou plantés dans les forêts depuis moins de cinq ans, l'amende sera de trois francs par chaque arbre, quelle qu'en soit la grosseur, et, en outre, d'un emprisonnement de six à quinze jours. »

D'après la loi du 18 juin 1859, une peine d'emprisonnement de cinq jours au plus peut être prononcée pour le délit prévu par la première disposition de l'article 194 précité, et celle d'un mois au plus pour le délit dont parle la seconde disposition du même article.

Ou autres plantations d'arbres; cette partie de l'article 36 que nous expliquons est encore en vigueur, puisqu'elle n'a point été remplacée ni par le Code pénal ni par le Code forestier. Mais que doit-on entendre par ces expressions *ou autres plantations d'arbres?* Les bois taillis ou futaies qui appartiennent aux communes ou sections de communes ne sont soumis au régime forestier qu'autant qu'ils sont susceptibles d'aménagement ou d'une exploitation régulière (art. 1 et 90 c. forest). Les dispositions de ce Code ne sont pas applicables aux prés-bois, aux pâturages communs peuplés d'arbres et de buissons, aux arbres plantés dans les haies, le long des chemins, sur les places publiques, sur les fossés, en un mot aux arbres appartenant aux communes ou à de simples particuliers, et qui ne sont pas réunis en massifs de forêt : c'est ce qui a été décidé dans l'espèce suivante :

La veuve N..., avait coupé dans la haie d'un particulier et enlevé quatorze jets de coudrier et de frêne. Citée devant le tribunal de police, elle a été condamnée à une amende double du dédommagement que le juge de police a déclaré être dû au propriétaire de la haie. Il aurait dû se déclarer incompétent; son excès de pouvoir ne se justifiait pas au moyen de l'évaluation arbitraire des dommages-intérêts à laquelle il a cru pouvoir se livrer, attendu que le fait imputé à la veuve N... constituait le délit rural défini et réprimé par l'article 36, titre 2 de la loi du 6 octobre 1791, auquel il n'a été dérogé qu'en ce qui concerne l'enlèvement de bois, dans les bois taillis et de futaies, par les dispositions du Code forestier. (Cass. 19 janvier 1848.)

Art. 37.

Le vol dans les bois taillis, futaies et *autres plantation d'arbres* des particuliers ou communautés, exécuté à charge de bête de somme ou de charrette, sera puni par une détention qui ne pourra être moindre de trois jours, ni excéder six mois. Le coupable paiera, en outre, une amende triple de la valeur du dédommagement dû au propriétaire.

Cet article, à l'exception de la partie relative *aux autres plantations d'arbres*, est abrogé par les articles 197 et 198 du Code forestier, ainsi conçus : Article 197. « Quiconque enlèvera des chablis et bois de délit sera condamné aux mêmes amendes et restitutions que s'il les avait abattus sur pied. »

Article 198. « Dans le cas d'enlèvement frauduleux de bois et d'autres productions du sol des forêts, il y aura toujours lieu, outre les amendes, à la restitution des objets enlevés ou de leur valeur, et de plus, selon les circonstances, à des dommages-intérêts.

« Les scies, haches, serpes, cognées et autres instruments de même nature dont les délinquants et leurs complices seront trouvés munis, seront confisqués. »

Quant à la disposition comprenant les autres *plantations d'arbres*, voyez nos explications sur l'art. 36.

Art. 38.

Les dégâts faits dans les bois taillis des particuliers ou des communautés par des bestiaux ou troupeaux seront punis de la manière suivante :

Il sera payé d'amende, pour une bête à laine, 1 fr.; pour un cochon, 1 fr.; pour une chèvre, 2 fr.; pour un cheval ou autre bête de somme, 2 fr.; pour un bœuf, une vache ou un veau, 3 fr.

Si les bois taillis sont dans les six premières années de leur croissance, l'amende sera double.

Si les dégâts sont commis en présence du pâtre et dans les bois taillis de moins de six années, l'amende sera triple.

S'il y a récidive dans l'année, l'amende sera double,

et s'il y a réunion des deux circonstances précédentes, ou récidive avec une des deux circonstances, l'amende sera quadruple.

Le dédommagement dû au propriétaire sera estimé de gré à gré ou à dire d'experts.

Cet article a été abrogé par les articles 199, 201 et 202 du Code forestier, modifié par la loi du 18 juin 1859. Ces articles sont ainsi conçus :

Article 199 : « Les propriétaires d'animaux trouvés de jour en délit dans les bois de dix ans et au-dessus seront condamnés à une amende de : 1 fr. pour un cochon; 2 fr. pour une bête à laine; 3 fr. pour un cheval ou autre bête de somme; 4 fr. pour une chèvre; 5 fr. pour un bœuf, une vache ou un veau. L'amende sera double si les bois ont moins de dix ans ; sans préjudice, s'il y a lieu, des dommages-intérêts. »

Article 201. « Dans les cas de récidive, la peine sera toujours doublée.

« Il y a récidive lorsque, dans les douze mois précédents, il a été rendu contre le délinquant ou contrevenant, un premier jugement pour délit ou contravention en matière forestière.

« Les peines seront également doublées lorsque les délits ou contraventions auront été commis la nuit, ou que les délinquants auront fait usage de la scie pour couper les arbres sur pied. »

Article 202. « Dans tous les cas où il y aura lieu à adjuger des dommages-intérêts, ils ne pourront être inférieurs à l'amende simple prononcée par le jugement. »

Art. 39.

Conformément au décret sur les fonctions de la gendarmerie nationale, tout dévastateur des bois, des récoltes, ou chasseur masqué, pris sur le fait, pourra être saisi par tout gendarme national, sans aucune réquisition d'officier civil.

Art. 40.

Les cultivateurs ou tous autres qui auront dégradé ou détérioré, de quelque manière que ce soit, des chemins publics, ou usurpé sur leur largeur, seront condamnés à la réparation ou à la restitution, et à une amende qui ne pourra être moindre de trois livres, ni excéder vingt-quatre livres.

Cet article est abrogé par le n° 11 de l'article 479 du Code pénal, portant : « Seront punis d'une amende de 11 à 15 fr. inclusivement, ceux qui auront dégradé ou détérioré, de quelque manière que ce soit, les chemins publics, ou usurpé sur leur largeur. »

Art. 41.

Tout voyageur qui déclora un champ pour se faire un passage dans sa route paiera le dommage fait au propriétaire, et, de plus, une amende de la valeur de trois journées de travail, *à moins que le juge de paix du canton ne décide que le chemin public était impraticable*, et alors *les dommages et les frais de clôture seront à la charge de la communauté.*

Tout voyageur ; cette expression ne doit pas être restreinte seulement à ceux qui fréquentent les chemins publics d'une commune où ils n'ont point leur domicile, elle doit être entendue dans son acception la plus large et comprendre aussi bien les habitants de la commune qui se transportent d'un endroit à l'autre de son territoire que les personnes qui parcourent les chemins publics d'un pays dans lequel elles n'ont pas leurs demeures. (Cass. 20 juin 1857).

Qui déclora un champ. Aux termes de notre article, pour que le fait d'avoir passé sur le champ contigu au chemin puisse être puni, il faut que le voyageur ait enlevé la clôture de ce champ pour s'y frayer un passage; sans cette circonstance, il n'y a pas de délit; il y a seulement lieu, en cas de dégât commis sur ce terrain, à une action en indemnité devant le tribunal civil.

Il en serait de même, et à bien plus forte raison, si le passage avait été pratiqué sur la propriété non close d'autrui, parce qu'un pareil fait, n'étant qualifié délit de police par aucune loi, ne peut produire qu'une action civile, et que l'article 41 de la loi de 1791 n'a eu pour objet que le fait de déclore un champ. (Id. 29 messidor an VIII). Il a été jugé que l'impraticabilité de la voie publique peut être admise comme excuse du fait de passage sur le terrain non clos. (Id. 30 octobre 1854.)

En autorisant les voyageurs à déclore le champ lorsque le chemin est impraticable, notre article s'exprime en termes généraux, et dès lors toute espèce de clôture peut être brisée dans ce cas, soit qu'elle consistent en planches, haies vives, haies sèches, fossés, ou en un mur. M. Rogron est même d'avis, bien que cela puisse paraître exorbitant, que le droit conféré par l'article 41 autorise le voyageur jusqu'au point de démolir la muraille servant de clôture au champ, pour s'y faire un passage, par le motif que cet article ne fait aucune distinction, et que la nécessité du passage est le même dans tous les cas.

Il est superflu de faire remarquer que notre article ne permet de déclore que les champs, et que les bâtiments n'étant pas des clôtures, doivent être respectés, quelle que soit d'ailleurs l'impraticabilité des chemins.

A moins que le juge de paix, etc.

Le juge de police est souverain pour décider qu'un chemin public est impraticable, et dès lors il peut relaxer l'individu prévenu d'avoir passé avec une voiture sur la propriété riveraine, lorsqu'il constate que le mauvais état du chemin empêchait la communication; ainsi jugé par un arrêt de la Cour suprême en date du 14 février 1856.

Les dommages et les frais, etc.

Notre article met à la charge des communes auxquelles appartiennent les voies impraticables les dommages causés aux propriétés sur lesquelles les voyageurs ont passé, ainsi que les frais de clôture, et c'est justice et conforme aux principes consacrés plus tard par le Code Napoléon, dans les articles 1382 et suivants, qui veulent que chacun soit responsable du dommage causé non seulement par son propre fait, mais encore par sa *négligence* ou son *imprudence*.

La responsabilité des communes existe-t-elle à l'égard de tous les chemins qui lui appartiennent indistinctement, à l'égard des chemins ruraux ou d'exploitation aussi bien que des chemins vicinaux ? Oui, ces expressions *chemin public*, employées dans l'art. 41, comprennent les chemins ruraux ou d'exploitation aussi bien que les chemins désignés aujourd'hui par la loi du 21 mai 1836 sous le nom de *chemins vicinaux* dont l'entretien est mis expressément à la charge des communes; mais cette loi ne les a pas dispensées du maintenir en état de viabilité les autres chemins qui leur appartiennent et qui sont nécessaires à la circulation publique sur leur territoire. (Cass., 20 juin 1857.)

Lorsqu'un chemin public est détruit par un événement de force majeure, par l'impétuosité d'un fleuve ou d'un torrent, le nouveau chemin peut être pris sur les héritages voisins, et, dans ce cas, l'indemnité due aux propriétaires des héritages sur lesquels est pratiqué le nouveau chemin peut être réclamée à la commune à laquelle appartenait l'ancien chemin. (*Id.*, 14 août 1835.)

ART. 42.

Le voyageur qui, par la rapidité de sa voiture ou de sa monture, tuera ou blessera des bestiaux sur les chemins, sera condamné à une amende égale à la somme du dédommagement dû au propriétaire des bestiaux.

Cette disposition a été remplacée par le n° 2 de l'article 479 du Code pénal, prononçant une amende de onze à quinze francs contre ceux qui auront occasionné la mort ou la blessure des animaux ou bestiaux appartenant à autrui, par l'effet de la divagation des fous ou furieux ou d'animaux malfaisans ou féroces, ou par la rapidité ou la mauvaise direction ou le chargement excessif des voitures, chevaux, bêtes de trait, de charge ou de monture.

ART. 43.

Quiconque aura coupé ou détérioré des arbres plantés sur les routes sera condamné à une amende triple de la valeur des arbres et à une détention qui ne pourra excéder six mois.

Le Code pénal a abrogé cet article par la disposition de l'art. 448, ainsi conçue :

Le minimum de la peine sera de vingt jours dans les cas prévus par les articles 445 et 446 (il s'agit de l'abattage et de la mutilation des arbres), et de dix jours dans les cas prévus par l'article 447 (destruction de greffes), si les arbres étaient plantés sur les places, routes, chemins, rues ou voies publiques, ou vicinales, ou de traverse.

ART. 44.

Les gazons, les terres ou pierres des chemins publics ne pourront être enlevés, en aucun cas, sans l'autorisation du préfet du département. Les terres ou matériaux appartenant aux communautés ne pourront également être enlevés, si ce n'est par suite d'un usage général établi dans la commune, pour les besoins de l'agriculture, et non aboli par une délibération du Conseil général.

Celui qui commettra l'un de ces délits sera, en outre

de la réparation du dommage, condamné, suivant la gravité des circonstances, à une amende qui ne pourra excéder vingt-quatre francs, ni être moindre de trois francs; il pourra de plus être condamné à la détention de police municipale.

Cette disposition est également remplacée par le même article 479, n° 12 du Code pénal, portant : « Seront punis d'amende.... ceux qui, sans y être dûment autorisés, auront enlevé des chemins publics les gazons, terres ou pierres, ou qui, dans les lieux appartenant aux communes, auraient enlevé les terres ou matériaux, à moins qu'il n'existe un usage général qui l'autorise.

TABLE DES MATIÈRES

DANS LEUR ORDRE NATUREL.

INTRODUCTION.

CODE RURAL.

TITRE PREMIER.

TITRE II.

TABLE ALPHABÉTIQUE.

BIBLIOTHÈQUE

EN VENTE CHEZ L'ÉDITEUR :

Conduite et Gestion d'une ferme ... de l'exploitation,
  par Demol ... ... in-12 ... . 3 fr. 50

Les Coups de foret et ... des ... Affaires ..., par
  J.-L. Gosztony ... volume in-12 ...... 3 fr. 50

Recherches sur la Culture de la Vigne ... 1 vol.
  in-12 par ... ... 3 fr. ..

Almanach de la Champagne et de l'Aisne 0 50

L'Enfant des trois mères sans père, comédie nouvelle
  en un acte avec prologue, par ... . 1 fr. 00

Domino l'Homicide, ou Il n'y a que le temps,
  comédie en un acte et en prose, par le même ...... 0 fr. 50

Barême ... Commerce des Grains et
  Graines et ... . 1 fr. 00

Code rural commenté et expliqué par Penot ...... 2 fr. 50

Commentaire de la loi sur les avances faites aux
  ouvriers, brochure, par le même auteur, ... 0 fr. 25

Précis des lois et de la jurisprudence sur les dessins
  de fabrique, brochure, par le même ... . 1 fr. ..

REIMS — IMPRIMERIE MATOT-BRAINE

www.ingramcontent.com/pod-product-compliance
Ingram Content Group UK Ltd.
Pitfield, Milton Keynes, MK11 3LW, UK
UKHW020201130726
13696UKWH00002B/651